아띠인력거 창업기

즐거워야
내 일이다

이인재 지음

한 번뿐인 인생(You Only Live Once), 즐기자!

정말 하고 싶었다. 나만 할 수 있는 일을, 나밖에 모르는 일을. 이 왕 할 거면 빨리하고 싶었다.

"그런 걸 왜 하지?" "한국에선 안 될걸." 하는 회의부터, 인력거 같은 몸 쓰는 일은 덜 배운 사람이 하는 일이라는 편견으로 "유학까 지 다녀와서 그런 걸 하냐?"는 말도 들었다. 내가 하려는 일을 다른 사람들이 어떻게 생각하든 그건 중요하지 않았다. 주위에서 모두 뜯어말리는데 그냥 했다. 뭐, 길이 없으면 만들어 나가면 되지, 이 십 대 잃을 것도 별로 없는 이 시기에 도전해 보자 하면서.

만감이 교차한다. 각 지방자치단체나 기업에서 아띠인력거를 찾 는다. 그중 몇 군데는 인력거를 시작하기 전 내가 찾아가서 제안했 던 곳도 있다. "잘 모르겠다"거나 "안 된다"는 답을 듣고 기운이 빠지곤 했는데 이제는 그곳에서 먼저 제안한다. 오히려 내가 시간을 못 낼 정도다. 두 대로 시작한 인력거가 스무 대로 늘었고 인력거 라이더도 두 명에서 스물다섯 명으로 늘었다. 예약 전화는 시장 바닥처럼 매일 바쁘게 울린다.

북촌을 중심으로 서울 시내 구석구석, 충청남도 서천의 국립생태원에도 아띠인력거가 손님들을 태우고 신 나게 달리고 있다. 올해 들어서는 서울을 비롯해 지방 여기저기서 우리를 따라 한 사업체들도 우후죽순 생기고 있다. 무슨 법 때문에 인력거를 하면 안 된다, 서울은 비탈이 많은데 되겠냐, 이게 돈을 벌 수 있겠냐…… 각자의 틀에서 툭툭 내뱉는 편견과 회의와의 싸움에서 판전승을 거둔 느낌이다.

지난 3년여, 결코 평탄하지는 않았다. 아띠인력거는 시작부터 수백 수천 명의 사용자가 몰린 IT 관련 사업도 아니고, 어느 자비로운 투자자한테서 사업 자금을 투자받아 시작한 일도 아니다. 내가 하는 일이 힘들어 보였는지 다양한 경로로 잡 오퍼를 받은 적도 몇 번 있다. "이걸로는 먹고 살기 힘드니까 안정적인 직업을 가져."라며 지인한테서 입사를 권유받기도 했다.

인력거 일을 하면서 나는 생활 수준을 최저치로 낮췄기 때문에 큰돈이 필요 없었다. 당장의 돈벌이를 바라고 시작한 일은 아니었지만, 6개월 1년이 지나도 크게 나아진 듯 보이지 않았을 땐 '그만

해야 하나?' '다른 일을 하면서 해볼까?' '좀 쉴까?' 잠깐 고민을 한 적도 있었다. 하지만 그런 고민은 금방 묻혔다. 회사를 키우다 보면 추구하는 가치가 널리 퍼져 회사의 재무적 가치가 상승할 거고 그러다 보면 금전적 보상도 따른다고 믿었다. 왜, 정말 좋아하는 일을 계속 하다 보면 돈은 저절로 따라온다고 사회는 가르치지 않는가. 그게 바로 이 자본주의 시장경제 시스템이고 창업은 이 시스템을 사는 최적의 방법일 수도 있다.

창업을 결심하고 준비하고 실행하면서, 유학시절 고등학교 때 접한 『월든』의 구절이 항상 떠올랐다. 스물여덟에 삶의 본질을 찾아 월든 숲으로 떠난 소로의 경험에 나를 비추며, 절대로 후회하지 않은 선택임을 되뇌었다.

"나는 숲에서 경험한 삶을 통해 적어도 다음과 같은 것을 배웠다. 우리가 꿈꾸는 방향으로 자신 있게 나아가며 머릿속으로 상상하던 삶을 살려고 노력하면, 평범한 삶을 살 때는 생각지도 못한 성공을 만나게 된다는 것이다. 그때 우리는 어떤 것들을 잊고 보이지 않는 경계를 넘어갈 것이다. 새롭고 보편적이며 훨씬 더 자유로운 법칙이 주변에서, 또 우리 내면에서 자리 잡게 될 것이다."

(……)

"나는 이 땅에서 30년 정도 살았지만, 아직 어른들에게 유익하고 진지

한 조언을 한마디도 듣지 못했다. 그들은 내게 아무것도 말해주지 않았다. 어쩌면 나에게 해줄 만한 유익한 말을 전혀 모를 수도 있다. 내가 거의 시도조차 하지 않은 실험, 즉 삶이 내 앞에 펼쳐져 있다. 어른들이 시도해보았다는 삶은 내게 도움이 되지 않는다. 내가 어떤 경험이 가치 있을 것으로 생각하며 그것을 직접 하게 되면, 내 멘토들이 그런 경험에 대해 나에게 어떤 말도 해주지 않았다는 사실을 새삼스레 확인하게 될 것이다.

—『월든』, 헨리 데이비드 소로, 현대문학

소로가 말한 대로 인생은 저마다의 실험이라는 말에 전적으로 동감한다. 아무리 선배들이 자신의 경험으로 내 선택의 순간마다 적절한 도움을 준다 해도, 그들의 경험과 내 경험이 완전히 일치할 수는 없다. 결국, 그리 길지 않지만 그동안 내가 체득한 경험들을 믿고, 선택한 결과를 스스로 책임지는 게 자신의 인생을 온전히 살아내는 길이 아닐까.

남들이 하지 않은 일을 시작해서 지금까지 이어올 수 있었던 것도, 다른 사람의 가르침에 기대기보다 내가 몸으로 부딪쳐 느끼고 배운 바를 실천하며 살고 싶었기 때문이다. 내 인생을 실험하기에 창업은 최고의 선택이었다. 창업으로 얻는 성취감과 짜릿한 묘미는 경험하지 않으면 모른다. 아마도 우주에서 지구를 보고 느끼는 경이로움보다 더할 거다.

걸어 다닐 때는 누구도 알아보지 못하지만, 인력거를 타고 돌아 다니면 사람들이 종종 알아본다. "텔레비전에서 봤어요."라는 반가운 인사부터 "유학생들만 할 수 있는 거래." "서울대 나와서 저거 하는 거래." 삼삼오오 수군거리며 거짓 소문을 퍼뜨리는 사람들도 있다. 이렇게 인력거를 혹은 나를 알아보는 사람들이 늘면서 자연히 투어 예약도 많아졌다. 내가 하는 일은 처음이나 지금이나 크게 바뀌지 않았다.

인력거를 몇 번 이용하거나 내 이야기를 관심 있게 듣지 않으면 잘 알지 못한다. 왜, 어떻게 인력거를 시작했고 인력거 활동에 담긴 의미와 가치를. 쉽게 혹할 수 있는 선정적 단어, '유학생' '금융회사' 그리고 반전인 '인력거'. 사람들은 여기까지의 정보에 많은 관심을 가졌다. 여러 매체와의 인터뷰에서도 거의 이 부분을 부각했다.

인력거를 보자마자 "얼마에요?"라고 단순히 가격만 듣고 싶어하는 행인들도 많다. 가격을 이야기해주면 비싸다는 사람들도 더러 있다. 언론이나 행인이나 비슷하다. 선정적이고 가벼운 정보에 열광한다. 인간의 본능이다.

그렇게 물어보는 사람에게 인력거의 '숭고한' 의미와 가치에 대해 구구절절 설명하기엔 한계가 있다. 기자들의 글은 나에게 편집 권한이 없었다. 텔레비전도 마찬가지이고 그나마 메시지 전달이 잘 된다고 느꼈던 라디오도 한계가 있었다. 내 진심을 있는 그대로 전해 줄 진정성 있는 통로가 필요했다. 그래! 책.

인력거와 책.

얼핏 들으면 무식함과 유식함으로 또 안 어울릴 것 같은 한 쌍. 아니다! 곰곰이 생각하면 둘 다 아날로그적인 감성으로 메시지와 가치를 전달하는 점에서 닮은 점이 더 많다. 인력거는 짧은 순간에 쌍방향의 집중된 에너지와 감정의 공감을, 책은 일방적 기록으로 오랫동안 공감의 여운을 남긴다.

어릴 적 시인이자 소설가 이상을 좋아해서 「날개」 같은 소설을 쓰고 싶었는데, 이상이 살았던 시절 돌아다녔을 인력거에 관한 이야기를 먼저 쓰게 됐다. 이 모든 건 가장 좋아하는 위인에 '이상'이라고 써서 지원했던 미국 유학시절부터 시작되었다.

Contents

You Only Live Once

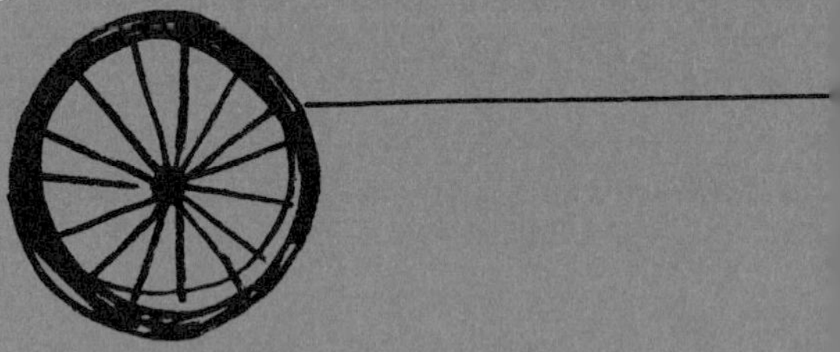

1막

내 일을 찾아서

1

가슴이 시키는 대로

내 나이 스물일곱. 스티브 잡스는 20대 초반에 사업에 성공했고,
이상과 윤동주는 내 나이 때 주옥같은 작품을 남기고 떠났다.
이 때를 놓치면 젊은 시절의 그 에너지는 없어질 것 같았다.
하루하루 시간이 흘러가고 있다는 생각에 마음은 점점 조급해졌다.

인력거의 시간은
거꾸로 흐른다

분주한 서울 도심 한복판, 사람들은 바쁘게 지나가고 시간도 빠르게 흐른다. 그런데 신기하다. 바삐 움직이는 사람들 사이에서 나도 덩달아 분주하다가 인력거에 오르면 도시의 시간이 더디게 가는 것 같다. 오늘도 나는 인력거를 끌고 북촌과 서촌, 인사동과 광화문 일대 골목을 누빈다. 느릿느릿 이곳저곳을 지나다 보면 자전거의 속도로 세상을 보게 된다. 소소한 이야기도 그냥 흘려보내지 않는다. 예전에는 느끼지 못했다. 살살 부는 바람이 이렇게 시원하고 반가운지, 기와 벽 넘어 핀 능소화가 이토록 아름다운지……. 평지인 줄 알았던 땅바닥의 굴곡을, 바퀴에서 페달을 타고 올라와 온몸으로 느끼는 이 미묘함. 이게 바로 내가 인력거를 좋아하는 이유다. 인력거를 처음 보는 사람들은 한결같이 "와, 이런 게 있었어?" 하고 놀란다.

평소에 보지 못한 물건이 서울 도심 한가운데서 움직이니 그럴 만도 하다. 인력거를 몰고 나섰던 초창기에는 손님들이 먼발치서 구경만 하고 선뜻 다가오지 않았다. 나도 어떻게 해야 할지 몰라 길 위에서 우두커니 서 있기도 했다. 그런데 이제는 "안녕하세요!" 하고 인사하면 반갑게 답해 주는 분들이 제법 많아졌다. 인력거에 손님을 태우면 나는 가장 먼저 이 말부터 꺼낸다.

"안전하니까 걱정하지 마세요. 무겁다고 미안해할 필요 없고요, 편하게 즐기면 돼요."

인사를 나누고 나면 자연스럽게 이야기가 이어진다. 처음엔 대부분 인력거와 나에 대한 얘기가 오가지만 곧 화제는 바뀐다. 큰길에서 좁다란 골목으로 들어서면, 손님들은 "아니, 서울에 이런 곳도 있네!" 하면서 아이처럼 들뜬 표정을 짓곤 한다. 골목을 대하는 표정도 사람마다 제각각이다. 그래서인지 같은 곳에서 같은 이야기를 해도 어떤 손님을 태우느냐에 따라 전혀 다른 시간을 달리게 된다.

50년이 지난 오래된 목욕탕, 서울 한복판에 남아있는 조선 시대 빨래터, 1870년대에 지어진 윤보선 가옥 등등. 곳곳의 역사와 그속에 담긴 이야기를 전하다 보면 의미 있는 일을 하고 있다며 등을 두드려 주는 분들도 있다. 한 시간 남짓 짧지만 긴 여행이 끝나면, 인력거를 끄는 라이더와 손님은 하나가 됐다는 묘한 감정을 느낀다.

내가 타는 인력거는 단순하다. 사람의 발로 다니는 예전의 방식과는 달리 큰 의자가 있는 세발자전거로 생각하면 된다. 사람의 두 발로 폐달을 밟아 움직인다. 이게 바로 자전거 인력거의 장점이자 특징이다. 두발자전거는 일정한 속도를 내지 않으면 중심을 잃어 넘어지지만, 세발자전거 인력거는 천천히 달려도 균형을 잡을 수 있어 느릿한 주행이 가능하다.

라이더는 인력거를 끌면서 서울의 아름다운 풍경을 '사람의 속도'로 손님에게 보여준다. 느림이 주는 여유는 손님의 마음을 편하게 하고 속 깊은 대화를 이끌어 낸다. 그래서인지 인력거 위에서는 스마트폰을 보는 사람이 거의 없다. 풍경에 취해 있거나, 소곤소곤 얘기 나누고 장난치며 웃느라 정신이 없다. 자전거라는 단순한 도구로 누군가를 즐겁게 하고 나도 즐거워지는 일. 다들 일하는 겉모습만 보고 힘들 거라 생각한다. 하지만 그건 선입견이다. 난 한 번도 힘들다고 느껴본 적이 없다.

인력거를 끌면서 나는 점점 더 확신이 든다. 세상이 빨라질수록 사람들은 더욱 느림의 정서를 그리워할 거라고, 천천히 소통하는 인력거를 찾는 사람이 더 많아질 거라고. 북촌에서 가끔 마주치는 소설가 서해성 선생님은 우리에게 이런 말씀을 해 주셨다.

"아띠인력거의 속도가 북촌의 아름다움이지요."

얼른 내 일을 하고 싶다

"어떻게 시작하게 되었어?"

인력거 일을 시작하고 나서 내가 가장 많이 받는 질문 중 하나이다. 그 말에는 '어쩌나 이런 일을 하게 되었냐'는 안타까움이 묻어 있을 때도 있다. 사연은 길고 복잡한데 나름 짧게 정리해서 대답하곤 한다. "친구 따라 유학 시절에 해 봤는데 정말 즐거웠던 추억이 있어서 한국에서도 해 보고 싶었습니다."라고. 틀린 말은 아니었지만 그렇게 말하고 나면 항상 뭔가 부족하게 느껴졌다. 왜 나는 서울에서 인력거를 끌게 되었을까? 서울에서 처음 인력거 생각이 떠올랐던 때는 직장 생활을 시작하고 어느 정도 적응기에 접어든 시점이었다. 2011년 가을이 한창 무르익을 즈음, 서울 시청 근처에 위치한 사무실에서 무심코 건너편 덕수궁 돌담길을 내려다보았다. 덕수궁 앞에서는 수문장 교체식이 한창이었다. 북 치는 소리가 들리고 그 앞에 몰려 있는 사람들, 그날은 날씨도 참 좋았다. 문득 유학 시절 경험했던 인력거가 떠올랐다. 퍼뜩 저 길을 인력거로 달리면 좋겠다는 생각이 들었다.

당시 한 외국계 증권사에 다녔던 나는 한동안 회사 생활을 꽤 재미있게 했다. 회사 다니는 게 좋았던 시절이다. 행운이었는지도 모르겠다. 출근하면 신선한 빵과 과일·커피 등 아침 식사가 나를 반겼고, 좋은 동료들이 있고 상사들과의 의사소통도 자유로우니 사내 분위기가 무척 따뜻했다. 지금도 그때의 직장 동료들과 좋은 관계를 유지하고 있는데, 나에게는 참 고마운 곳이다.

처음 입사했을 때는 모르는 것을 배울 수 있어서 좋았다. 돈을 받고 전문지식을 배울 수 있어서 행운이라고 생각했다. 나의 직무는 금융에 관련된 법률을 분석해서 조언하는 준법감시(Compliance) 업무였다. 즉, 회사나 직원들이 금융 규정에 어긋나는 일을 하는지 감시하거나 영업부의 새 프로젝트에 법률적인 문제가 없는지 검토하고 방법을 제시하는 일이다. 새내기인 나로서는 선배들이 가르쳐 주고 매뉴얼에 나온 대로 따르기만 하면 됐다.

6개월 정도 지나 회사와 일에 어느 정도 적응될 즈음, 문득 '내가 지금 뭐 하고 있나?' 하는 생각이 들었다. 내 일을, 내 회사를 만들고 싶다는 생각이 슬금슬금 나기 시작했다. 갈수록 정장에 넥타이 차림이 답답했다.

'아, 지금 하고 있는 일은 내가 평생 할 일이 아니구나.'

이런 생각에 이르자 앞으로 뭘 해야 할 지에 대한 답을 내기가 좀 더 쉬워졌다. 당장은 그럭저럭 다닐 수 있겠지만, 인생을 장기적으로 봤을 때 진짜 내가 하고 싶은 일은 아니었다. 나는 무엇이든 나만이 할 수 있는, 아무도 하지 않은 그런 일을 하고 싶은 욕구가 있었다.

그즈음 미국에 있는 학창 시절 친구와 메일을 주고받으며 보스턴에서 인력거 일을 할 때의 추억을 나누곤 했다. 그 시절을 떠올리면서 우리는 매우 즐거워했다. 이런저런 이야기를 나누다가 친구는 보스턴 이외 다른 곳에서 인력거를 몰아보고 싶다는 말을 꺼냈다.

바로 친구의 그 말!

인력거 일을 다른 도시에서 해 볼 생각이라는 말을 들었을 때, '아! 서울에서 해 볼 수도 있겠네.' 하는 생각이 번뜩 떠올랐다. 그 시절 신 나고 행복했던 기억들을 떠올리면서 친구와 같이 서울에서 인력거를 같이 모는 상상에 빠지기도 했다. 그때부터 내 머릿속에는 인력거 생각이 들락날락하기 시작했다.

회사에 다니던 1년 동안 중학교 때 이후 처음으로 '나'에 대해 많은 생각을 했던 것 같다. 나란 존재는 무엇인가? 나는 누구인가? 나는 나인가? 나는 뭘 좋아하나? 나는 뭘 할 때 가장 신이 났지? 등등 선불교의 '이 머꼬' 같은 생각들. 곰곰 떠올려 보니 나는 한눈에 딱 이해되는 구기 종목처럼 단순한 걸 좋아했다. 여러 명이 하나의 팀을 이루어 운동할 때 즐거웠다. 그런가 하면 여태까지 발명·발견되지 않은 인간 게놈(Genom) 지도 그리기나 복제 동물 만들기 같은 일을 상상하기도 하였다.

'그래. 내가, 여기 한국에서 해 봐야겠다.'

그 당시 인력거가 다니지 않는 서울 도심의 거리는 더할 나위 없이 좋은 무대였다. 서울에 아직 인력거가 없다는 사실 하나만으로도 내겐 큰 동기부여가 됐다. 아무도 안 할 때 빨리 해 봐야겠다고 생각했다. 두 발로 움직이니 운동도 되고, 뒤에 탄 사람들이 즐거워하면 나도 덩달아 행복해진다는 건 이미 해 봐서 잘 알고 있는 사실이고.

무엇보다도 매력적인 점은 바로 이거다. '즐거움' '행복' 같은 눈에 보이지 않는 가치가 인력거 핸들을 잡은 나에게 바로 전달되는 것.(잡아보지 않은 사람은 아무리 설명해도 모른다.) 게다가 미국에서 했을 때처럼 돈도 충분히 벌 수 있을 거라 생각했다.

한국에서 살다보니 이래저래 외국에서 손님이나 친구들이 오면 '어디 가서 뭘 해야 하나' 고민해도 마땅히 떠오르는 게 없었다. 그나마 문화나 역사에 관심있는 사람이라면 서울에 몇 군데 있는 궁에라도 데려가면 만족스러워 했다. 하지만 그저 즐기고 싶어 하는 이들과는 밥 먹고 술 먹고 쇼핑하고 나면 밑천이 동나 버렸다.

서울 시내 곳곳을 누비는 지금이야 어디 가면 좋을지 수월하게 떠오르지만 그 시절(직장에 다니던)에는 머릿속에 경복궁과 덕수궁이 떠오르고 그 다음엔 '참 할 게 없구나.' 이런 생각이 들었다.

'인력거가 뭔가 역할을 해낼 수 있지 않을까?' 인력거가 있으면 서울에 부족한 놀이 문화를 채워줄 수 있겠다는 확신이 들었다. 인력거에 대해서는 누구보다 잘 알고, 맘만 먹으면 당장 시작하기에도 크게 무리 없어 보였다. 인력거를 두고 이런저런 생각이 뻗어 나갔다. 우연히 친구와 추억을 나누다가 어느새 창업으로 구상하게 된 것이다. 내 머릿속은 온통 인력거 생각으로 가득 차서 하루라도 빨리 일을 시작하고 싶었다. 내 나이 스물일곱. 스티브 잡스는 20대 초반에 사업에 성공했고, 이상과 윤동주는 내 나이 때 주옥같은 작품을 남기고 떠났다. 이때를 놓치면 젊은 시절의 그 에너지는 없어질 것 같았다.

그렇게 생각해보니 이 회사의 멍청한 대표(내가 다니던 회사의 대표는 3명이었는데 하나같이 멍청해 보였다.)들을 위해 아침에 일어나는 시간마저 아까워지기 시작했다. 나도 모르게 시간이 흘러가고 있다는 생각에 점점 조급해졌다.

누구도 가능하리라고 믿지 않았다. 나만 빼고

회사를 그만두겠다고 결심했지만, 사표를 바로 던지는 일은 쉽지 않았다. 언제 누구에게 먼저 얘길 꺼내야 할지 고민하고 또 고민했다. 그럴 즈음 자연스럽게 기회가 왔다. 회사는 한 해를 마무리할 무렵 다음 해의 목표를 세운다. 개개인이 올해 어떤 성과를 냈고 내년엔 어떤 업무 목표가 있는지 상사와 면담하는 연간 근무평가 시간. 나는 그때 머릿속에 맴돌고 있던 인력거 이야기를 하고야 말았다. "저는 내년에 인력거 일을 해 보려고요." 근무평가자인 상사에게 조심스레 말을 꺼내자 그분은 할 말을 잃은 듯 나를 멍하게 쳐다보았다. 인력거라는 게 뭔지 잘 모르는 듯해서 자세히 설명해 드렸다. 상사는 일주일 후에도 내 마음이 안 바뀌면 그렇게 알고 있겠다고 했다. 주위 동료들에게도 나의 결심을 말했더니 다들 웃거나 어이없어했다. 인력거 일이 뭔지 잘 몰랐기 때문에 더

어리둥절해 했던 것 같다. 몇몇 동료들은 직장을 다니면서 좀 더 깊이 생각하고 결정하라는 조언을 해 주었다. 나는 그들의 반응이 당연하다고 생각했다. 회사 생활에 별문제 없어 보였던 내가 갑자기 생소한 물건을 끌겠다고 했으니 말이다.

주변에도 넌지시 흘려보았다. 부모님은 말할 것도 없고 대부분 "그런 걸 왜 해?" "잘 될까?" 하며 부정적인 반응을 보였다. 심지어 "그런 거 하려고 유학 갔다 왔나?" 하는 비아냥을 듣기도 했고, 아예 농담으로 받아들이는 사람들도 있었다. 특히 나이 든 사람일수록. 같이 하자고 꾀어 보려 했던 한국 친구들도 동참할 의사가 없어 보였다.

지금이야 한국에서 사회의 여러 사람을 만나 친목을 쌓고 있지만, 당시 내가 한국에서 아는 사람은 단 세 부류였다. 어린 시절을 보낸 동네 초등학교·중학교 친구들, 미국 유학 시절 만난 유학생 친구들, 그리고 귀국하여 입사한 회사 사람들. 이 세 부류 사람들에게서는 쉽게 찾을 수 있는 공통점이 있다. 대부분 열띤 교육열의 수혜자로 이 사회의 중산층 이상을 형성하고 있는 사람들이라는 점이다.

그들의 시선에 인력거 일은 '덜 배우고 배고픈 사람이 하는 일'이라는 편견이 없지는 않았을 거다. 나를 말리고 싶어서였는지, 한결같이 "미국에서는 가능했을지 몰라도 한국에선 쉽지 않을 거야!"라고 말했다. 그런 말을 들으니 더 오기가 생겼다. '왜 다들 안 된다고

만 하지?' 될 수도 있다는 걸 보여 주고 싶었다. 유학 생활을 통해서나 여기저기 여행을 다녀보니 사람은 어딜 가나 비슷했다. 보스턴 사람들은 인력거를 좋아했는데 서울 사람들이라고 안 좋아할까.

사실 그때만 해도 나는 인력거 일을 당장 '사업'으로 접근하기보다는 어떻게 될지 한번 해 보고 싶었던 '실험'으로 생각했다. 뭔가 재미있는 일을 신 나게 해 보고 싶다는 마음이 우선이었다. 다만 확신은 있었다. 내가 좋아하는 이 일을 분명 다른 누군가도 좋아할 거라고! 좋아하는 일로 돈도 벌 수 있으니 이보다 더 좋을 수 있나. 장점만 보이던 상태에서 다른 사람의 조언이 들릴 리 없었다. 그저 빨리 인력거 페달을 밟고 싶은 마음뿐이었다.

그로부터 3개월 후, 나는 회사의 배려로 얼마의 위로금과 퇴직금을 안고 회사를 나왔다. 그렇지만 부모님께는 곧바로 알리지 못했다. 퇴사하고 한 달 정도는 아침마다 양복을 입고 출근하는 척 집을 빠져나왔다. 그러다 계속 그렇게 숨길 수만은 없다는 생각이 들어, 어느 날 조심스레 말을 꺼냈다. 부모님은 다른 사람들과는 비교도 할 수 없을 만큼 놀란 빛이 역력했다.

'이미 그만두고 나왔는데…… 반대하셔도 의미가 없는데……' 속으로 이런 생각을 했지만, 나에게는 오랜 기간 비싼 학비를 지원해 주셨던 부모님을 설득할 의무가 있었다.

"지금이 회사를 나올 적기이고 장기적인 뜻이 없는 상태에서 회사에 다니는 건 무의미하다. 이십 대, 이 시기의 소중함. 결국 내가 하고 싶은 일을 하고 행복해야 부모님도 행복하다. 지금 이 회사에 다니는 것보다 인력거 일로 돈도 더 많이 벌 수도 있다.(이건 부모님을 안심시켜드리기 위한 말이었다.)" 이런 말씀을 차근차근 드렸다. 긍정적인 답변을 기대하진 않았지만, 부모님의 반응은 몇 개월 전에 넌지시 던졌을 때와는 달랐다. 나의 선택을 존중하겠다고 하셨다. 그렇지만 부모님의 눈빛과 목소리에는 걱정과 근심이 묻어 있었다.

사실을 말하자면, 나는 부모님이 받으실 충격을 최소화하기 위해 사전 전략을 세웠다. 미국에는 이런 일이 미래 산업이라는 둥 한국에서 이런 일을 하면 상당히 비전이 있을 거라는 둥 인력거 사업과 관련한 얘기를 평소에 툭툭 던져 놓았다.

그건 내가 미국에서 친구한테 처음 인력거 얘길 들었을 때를 떠올려 보고 실행한 건데 효력이 있있다. 당시 인력서 일을 하고 있던 친구는 그 일이 얼마나 재밌고 매력적인지 막 떠들었다. 그렇지만 나에겐 크게 와 닿지 않았다. 그저 자기한테 맞는 일을 하는구나 했다. 그런데 친구가 그 이야기를 다른 버전으로 자꾸 반복하니까 나도 서서히 흥미가 생겼다. 결국, 나도 인력거를 몰게 된 것이다.

회사를 나오기 전부터 몇 개월 동안 그렇게 짧지만 굵은 메시지(철저하게 인력거 사업의 장점만 부각한)를 부모님께 전했다. 그래서인지 퇴사했다는 나의 말에 놀라긴 하셨지만, 심한 반대표를 던지지는 않으셨다. 이제는 어느 정도 손을 드시는 분위기였다. 결코 금전적인 지원을 받지 않을 것도 명확히 했다. 지금 생각하면 좀 막

무가내였지만 나로선 답답한 심정이어서 속으로 이렇게 외쳤다.

'제 나이 서른을 바라보는데, 어디 가서 나쁜 짓 할 것도 아니고 그저 놀고먹겠다는 것도 아닌데. 좀 믿어 주십시오.'

2011년 6월 즈음에 창업을 생각했고 9월에 인력거 아이디어를 떠올렸다. 그리고 11월에 회사에 얘기하고 업무를 정리한 다음 2012년 2월에 회사를 나왔다. 부모님의 허락도 어느 정도 받아냈다. 내 나름의 계획대로 착착 진행되는 듯했다. 잘될 것 같은 기대감으로 붕 떠 있었고, 신이 났다. 뭐, 이젠 정말 시작하는 일만 남았다!

2

내 맘대로
하지 못했던
어린 시절

어느새 우리나라로 치자면 고3 정도 되는 12학년.
대학을 염두에 두고는 어릴 적 꿈인 유전공학자를 떠올려 보기도 하고
어떨 때는 '이상' 같은 시인을 꿈꾸기도 하며
엉뚱하게도 어부가 되면 어떨까 하는 낭만적인 생각도 했다.

신 나게 놀았다

돌이켜 보면 나는 여러모로 청개구리 습성이 있었는데 그건 지금도 마찬가지다. 내가 하고 싶은 일은 누가 말리더라도 해야 하고, 말리면 말릴수록 더 하고 싶어 한다. 내가 초등학교, 중학교에 다닐 때는 학원이 참 많았다(지금도 크게 달라진 듯 보이지 않지만). 중학교 때부터 본격적으로 중간고사와 기말고사의 개념과 이를 대비한 시간표가 머릿속에 세워졌고, 항상 시험에 대한 압박이 따랐다. 점점 일상이 학습을 중심으로 짜이기 시작했다. 나뿐만 아니라 주위 친구들도 거의 그랬다. 중학교 시절, 하루는 아버지께서 나를 조용히 부르시더니 미국 유학 이야기를 꺼내셨다. 이전에도 스치는 말처럼 유학에 관한 말씀은 더러 하셨지만, 그때와는 분위기가 좀 달랐다. 이렇게 결정했으니 마음의 준비를 하라, 이런 아버지의 의지가 느껴졌다.

아버지는 나에게 좀 더 큰 세상에서 다른 방식의 교육을 받게 하고 싶어 하셨다. 앞으로 세계는 영어로 소통할 거라고 늘 말씀하셨다. 게다가 한창 불붙었던 조기 유학 붐도 한 몫 거들지 않았을까 싶다. 평범한 회사원의 빤한 월급으로 자식의 유학이 쉬운 결정은 아니어서, 아버지로서는 큰 결심을 하셨을 거 같다. 그렇지만 나는 가고 싶지 않았다.

나는 그 또래 남자아이들이 그렇듯 놀기를 무척이나 좋아하는 아이였다. 내가 살던 일원본동은 '강남구'라는 교육열이 유난한 지역 안에 있었지만, 도심 속 시골 같은 작은 동네였다. 집에서 몇 발자국 나가면 바로 대모산이 있었고 동네 곳곳이 놀이터였다. 내가 살던 5층짜리 아파트 앞에서 야구를 하고 축구도 하며, 곤충 채집한다고 잠자리와 매미나 사마귀를 잡아 싸움을 붙이며 놀았다. 그 사이 엄마들은 함께 아파트 정원을 가꾸고…… 지금도 그 동네를 떠올리면 가슴이 두근거린다.

기억 속에 남아 있는 나의 어릴 적 모습은 대부분 재미있게 놀았던 때다. 밖에서는 인라인스케이트를 타거나 축구를 하면서 시간 가는 줄 몰랐다. 초등학교 고학년으로 올라가니 나의 일상에 공부와 학원이라는 새로운 존재들이 등장하기 시작했다. 돌파구가 필요했다. 그중 하나로 나만의 놀이를 개발했다. 바로 '뽑기'다. 뽑기통('1등' '2등' '3등' '꽝'이라 쓰인 종이를 100개 접어 넣은 통)을 만들어 놓고, 집에 놀러 오는 친구들이나 동생 친구들에게 한번 뽑을 때마다

500원을 받고 뽑기 장사를 했다. 뽑기 상품으로는 평소에 쓰지 않는 장난감이나 학용품 등이 있었는데, 쓰지 않는 물건을 처리하기에 딱 좋았다. 게다가 적은 금액이지만 돈 모으는 재미도 쏠쏠했다. 나는 뽑기할 때 아이들이 긴장하는 표정이라던가, 자기가 원하는 걸 뽑았을 때 좋아하는 모습을 보는 게 즐거웠다. 점점 아이들한테서 인기를 얻자, 동생과 내가 아는 아이들만으로는 성에 차지 않았다. 재미와 장사를 극대화하고 싶어서 부모님께 현관문에 뽑기 간판을 달게 해달라고 조르기까지 했다.(나의 간청은 이뤄지지 않았다.) 그런 공간에서 놀이에 빠져 살았던 내가 부모님과 친구들 곁을 떠나 먼 나라로 가야 하다니, 나는 도저히 받아들일 수 없었다. 나의 완강한 저항에도 아버지의 의지는 꺾이지 않았다.

그 시절 나는 내 인생의 주도권을 부모님께 빼앗겼다는 생각에 절망감마저 들었다. 사춘기까지 겹쳐서 부모님께 화도 짜증도 많이 냈고 반항도 했다. 가장 심했던 반항의 계기는 '학원' 문제였다. 초등학교 때야 고분고분 왔다갔다했다. 그렇지만 어느 정도 자아 정체성을 갖게 된 중학생 때부터, 학원이란 공간은 단 10초도 앉아 있고 싶지 않을 정도로 싫어하는 곳이 되었다. 우리 집은 학원가로 유명한 대치동 바로 옆 동네에 있었다. 어머니는 항상 좋은 학원 정보를 찾으시고는 나를 이 학원 저 학원에 보내려고 하셨다. 그때마다 많이 싸웠던 기억이 난다. 어머니 손에 마지못해 끌려갔지만, 단 한 번도 열심히 다녀본 적이 없다. 중학교에 올라가서 학교 수업도 지겨운데 학원에서까지 일방적으로 듣기만 해야 하는 분위기가 정말 싫었다.

학원뿐만이 아니다. 내 의지가 아니라 뭔가 강제성을 띤 것이라면 늘 청개구리 심보가 작용했다. 초등학교 땐가 중학교 땐가, 어머니가 나한테 묻지도 않고 이름 중 한 글자의 한자를 바꾼 일이 있다.(기린 '린隣' 자가 우리가 흔히 아는 '인仁' 자로 바뀌었다.) 어머니는 나에게 좋다고 하신 일이었지만, 나는 그 일로 엄청난 박탈감과 충격을 받았다. 내 동의 없이 바꿨다는 사실에 억울하고 분하고 화가 났다. 그 당시 미국 유학을 반강제로 가게 된 것도 그렇고…… 삶의 주도권을 잃었다고 생각하니 절망스러웠다.

나중에 어머니가 그 일로 나에게 얼마나 미안해하셨는지를 알고는 마음이 찡했다. 어머니는 나의 유학 시절 생활비를 보태기 위해 여러 일을 하셨다. 그중 보석 관련 일을 하실 때 만든 '린Lin'이라고 적힌 명함이 있다. 유학 시절 방학을 맞아 집에 왔을 때 어머니는 내게 명함을 보여주셨다. "그때 너한테 얘기 안 하고 이름을 바꾼 게 늘 미안해서, 린이라고 지었어."

원래 내 이름 '기린 린' 자가 '린Lin'이라는 근사한 브랜드가 되었다. 그때 나의 분노가 어머니께는 마음의 상처로 남아 있었던 거다. 지금도 어머니의 명함을 떠올리면 가슴이 아프다.

등 떠밀려 떠난 유학

곧 서울을 떠나게 되겠지, 하면서 어수선한 중3 생활을 보내고 있을 때 부모님께서 정식으로 미국 고등학교 입학원서를 주었다. 드디어 올게 왔구나 싶었다. 한국에서 1학기를 끝내고 2000년 9월, 나는 순순히 미국으로 유학을 떠났다. 걱정 반 기대 반의 심정이었다. 긍정적으로 생각하자면 일단 학원을 안 가도 되니 좋았다. 그러나 기쁨도 잠시, 매사추세츠주에서 인구가 손꼽히게 적은 시골 학교에 들어가니 생활 리듬은 나의 기대와는 전혀 딴판으로 돌아갔다. 아침 8시부터 오후 3시까지 수업, 오후 6시까지 운동 등의 과외 활동이 있었다. 저녁 식사를 하고 밤 8시부터 10시까지 기숙사 방에 들어가야 했다. 그때는 방문을 열어놓게 하고 강제로 책상에 앉혀 숙제를 시켰다. 밤 10시 반 이후에는 선생님들이, 학생들이 자는지 안 자는지 문 앞에서 소리를 들어 볼 정도로 우리 학교는 규율이 엄격했다.

배는 왜 그렇게 시도 때도 없이 고프던지. 그런데 식당 여는 시간이 아니면 어디 가서 사 먹을 곳도 없었다.(처음에는 커피포트에 라면을 끓여 먹다가, 나중에는 밥솥을 주문하여 밥을 지어 한국에서 가지고 온 김에 싸 먹었다.) 마치 미국에 있는 감옥에 갇힌 느낌이었다. 무려 4년 동안이나 그런 생활을 했다.

청개구리 습성을 지닌 내가 미국에 왔다고 달라졌을까? 한국에 있을 때와 마찬가지로 나는 정해진 시간에 과제를 한 적이 거의 없다. 저녁 10시 반에 불을 끄면 그제서야 불을 켜고 숙제를 하곤 했다. 부모님은 내가 다니는 학교가 억압으로 느낄 만큼 엄격한지를 정확히 모르셨다. 유학원 추천에 따라 그저 좋은 환경의 학교에서 훌륭한 교육을 받겠거니, 하고 믿고 계셨다.

다행한 일이라면 그런 환경에서 친구들과 빨리 친해질 수 있었다는 점이다. 굳이 기숙사 생활이 아니라도 여러 나라에서 온 다국적 친구들과는 유학생이라는 공통점이 있어서 자연스럽게 친해질 수 있다. 하지만 통학 중심의 학교였다면 미국인 친구들과는 쉽게 사귀기 힘들었을 거다. 억압받는 환경에 처한 우리만의 공감대가 있어서 그들과도 자연스레 친해질 수 있었다. 무엇보다 오후 3시 교과 수업이 끝나고 진행되는 과외활동 시간(나는 고등학교 12학기 내내 팀 스포츠를 골라서 했다.)만큼은 열심히 참여해서 스포츠를 통해 다양한 친구들을 사귈 수 있었다.

운명처럼
절친을 만나다

　　유학은 내가 결정하지 않았지만 나와 영 맞지 않았다면 중간에 돌아와 버렸을지도 모르겠다. 어쨌거나 장장 8년 동안 유학 생활을 계속 할 수 있었던 건 내 의지가 아니었나 싶다. 만 열네 살 때부터 아는 사람 하나 없는 곳에서 시작한 기숙사 생활은 적응력과 독립심을 키운 시간이었다. 유학 온 지 1년이 지나 10학년 때인 2001년, 딱딱한 생활에 활기를 넣어 준 친구를 만났다. 그의 이름은 비니. 우리는 같은 기숙사에다 같은 축구팀에 속해 있었다. 우리 학교는 미국에서도 손꼽히는 아이스하키 명문 사립고등학교였다. 학교 대표팀 선수 중 다수는 아이스하키 명문 대학으로 진학했고 또 거기서도 뛰어난 친구들은 NHL 같은 프로리그에 진출하기도 했다. 비니도 프로 선수의 꿈을 안고 더 좋은 환경에서 운동하기 위해 공립학교에서 전학 온 학생이었다. 다른 학교와 축구 시합을 할 때나 아이스하키 팀 경기를 보면 그는 대단한 승부욕의 소유자였다. 반면, 평소엔 장난기 많고 농담도 잘하고 성격마저 좋아 참 인기많은 친구였다. 우리는 함께 축구를 하며 친해졌는데 알고 보니 서로 통하는 게 많았다.

무엇보다 비니와 내가 진한 우정을 쌓게 된 계기가 있다. 우리 학교는 추수감사절, 겨울 방학, 봄방학 등 온갖 종류의 휴일에 학생들을 기숙사에서 다 내보냈다. 그때마다 한국에 갈 수도 없고 딱히 갈 곳도 마땅치 않았다. 고맙게도 비니는 나에게 자기 집에서 같이 지내자고 했다. 그렇게 거의 3년 동안 학기 중 휴일에는 비니네 집이 내 집이 되었다.

그의 집은 매사추세츠주의 필립스 아카데미 고등학교 캠퍼스에 있었다. 비니와 나는 방학이라 팅 빈 캠퍼스 안을 뛰어다니며 페인트 총으로 학교 여기저기를 페인트 범벅으로 만들었다. 그의 차로 캠퍼스 아스팔트와 잔디밭에 도넛 모양의 자국을 만들고 집으로 돌아와 낄낄대곤 했다.(지금이나마 학교 관계자들께 죄송하다는 말을 전하고 싶다.)

마치 감옥과 같았던 기숙사에서 벗어나 비니네 집에 있는 동안은 꿀맛 같은 자유를 느꼈다. 비니네 집은 머무는 공간 이상의 의미가 있었다. 비니와 그의 가족은 언제나 나를 따뜻하게 맞아주었고 이것저것 챙겨주었다. 미국에 아무런 연고가 없던 내겐 또 하나의 가족이었다.

표절의 대가

고등학교 시절 나는 딱히 구체적인 미래 계획이 없었다. 그렇지만 하고 싶은 건 많았다. 어렸을 적 나의 장래 희망은 과학자(당시 학급 남학생 20명 중 15명의 꿈이기도 했던). 나는 움직이며 놀기를 좋아해서 부산스러워 보이기도 했지만, 손으로 만지작거리기도 좋아해서 한참을 꿈적도 하지 않고 작업에 빠져들기도 했다. 그중에서도 전자 키트를 만들거나 과학 실험을 무척 좋아했다. 그런 흥미로 초등학교 때는 발명 부장도 했고, 라디오 만들기 대회에서 상을 받고 6학년 때는 과학부장관상도 받았다. 초등학교 때 나를 관심 있게 봐주신 한 담임 선생님은, 미래는 정보 통신과 컴퓨터 시대가 될 거라고 늘 강조하시며 우장춘, 석주명 박사의 업적에 대해 말씀하시곤 했다. 곧이어 세상은 게놈으로 떠들썩해졌다. 하도 신기해서 나도 들썩거렸다. 시중에 있는 여러 청소년 과학잡지를 구독하며, 세상을 놀라게 할 획기적인 생명체를 만드는 유전공학자를 꿈꾸기도 했다. 미국 유학생활을 시작하며 그런 꿈들은 새로운 환경에 적응하랴 영어 공부하랴 운동하랴, 조금씩 잊혀 갔다.

어느새 우리나라로 치자면 고3 정도 되는 12학년. 대학을 염두에 두고는 어릴 적 꿈인 유전공학자를 떠올려 보기도 하고, 어떨 때는 '이상' 같은 시인을 꿈꾸기도 하고, 엉뚱하게도 어부가 되면 어떨까 하는 낭만적인 생각도 했다. 명문대를 따지는 아시아계 유학생들과는 달리 대학의 명성에 연연해 하지 않는 미국 친구들을 보면서 나도 진로를 조금 열어 놓고 생각해 봐야겠다는 생각이 들었다.

대학은 나처럼 아직 뭘 할지 잘 모르는 사람들한테 좋다는 'liberal arts college(교양과목 중심의 학부 중심 대학)' 계열 몇 군데로 지원해 놓고는, 먼저 수시로 넣은 웨슬리안 대학교에 합격하여 진학하게 되었다. 지금 생각해 보면 아쉬운 선택이다. 어릴 때 한국에서 미국으로 뿌리째 이식된 경험 때문에, 생판 모르는 곳에 가서 적응해야 할 일이 두려웠다. 그래서인지 은연중 대학도 고등학교가 있던 곳에서 크게 벗어나지 않는 곳을 염두에 두었던 것 같다. 미국 북동부 지역에 위치한 곳 중에서 골라 지원해야겠다는 기준을 두었다. 그야말로 타성에 젖은 선택이었다.

대학을 선택하는 일도 그렇지만 그 시절 나는 참 생각 없는 청춘이었다. 수시지원으로 다른 친구들보다 조금 일찍 대학에 합격하고 나니 학업을 다 놓고 싶었다. 지금 생각해도 아찔한 사건 하나가 떠오른다.

12학년 내내 들었던 미국 문학 수업에서 마크 트웨인의 『허클베리 핀의 모험』을 읽고 독후감을 써내야 하는 과제를 받았다. 미리 준비해 두었으면 좋았으련만, 미루고 미루다 결국 제출 하루 전날을 맞게 되었다. 바로 그날, 밤새워 책을 읽고 글을 쓰려는 원대한 목표를 세웠다.

아뿔싸! 눈을 떠보니 아침이었다. 책 읽을 시간은 도저히 안 되고 과제 마감 시간은 코앞이고, 혹시나 하는 마음에 인터넷을 검색해 보았다. 그랬더니 단어 수가 과제와 비슷한 독후감들이 쭈르륵 쏟아지는 게 아닌가. 조금 바꿔 쓰고 내 생각을 덧붙이면 괜찮겠지, 하고는 그 글을 내 글인 양 약간 수정해서 제출했다. 며칠 뒤, 1교시 미국 문학 수업이 끝나자 담당 교사인 칼라엘 선생이 내게 종이를 내밀며 말씀하셨다.

"인재, 남아!"

내 이름이 적힌 그 종이에 박힌 글은 온통 빨간색으로 처절하게 도배되어 있었다. 당시 표절을 기가 막히게 잡아내는 웹 서비스가 있었다.(나는 그런 웹 사이트가 있는지 몰랐다.) 그 사이트에 원고를 넣으면 표절된 부분에 빨갛게 표시되어 정확하게 표절한 부분을 잡아준다. 나 같은 아이들이 얼마나 많았으면 그런 웹 서비스까지 나왔을까. 경험 많은 칼라엘 선생은 내 과제물을 보는 순간 표절이라고 알았을 거다. 다른 교사들도 이 사실을 알았는지 마주치는 분마다 실망한 표정이 역력한 듯 보였다. 나의 대학 진로 상담 담당인 쳐츠 선생도 예외는 아니었다.

"네가 이미 붙은 대학에 이 사실을 알려 줄 의무는 없어. 만약 정시에 원서를 넣었더라면 이 사실 때문에 대학 가기 힘들었을지도 몰라."

나는 부끄러워서 아무 말도 할 수 없었다.

"대학에서 표절하지 않은 게 천만다행이구나. 만약 대학에서 이런 일이 일어났다면 영구제명을 당했을지도 몰라. 표절을 심각하게 여기거든."

그는 나직한 목소리로 정확한 사실을 지적해 주었다. 그러고는 나를 꼭 껴안아주며 "누구나 실수할 수 있는 거고, 우리는 네가 이런 일을 다시는 저지르지 않을 것이라고 믿는다."라고 말해 주었다.

나는 머릿속이 하얘질 정도로 창피했으나, 선생님이 나에게 신뢰를 회복할 기회를 줬다는 것을 느낄 수 있었다. 이 일은 나에게 많은 가르침을 주었다. 그 후 나는 글쓰기뿐만 아니라 윤리 의식의 범위를 인식하게 되었다. 그때의 경험은 지금 내가 하고 있는 사업에도 영향을 미친다. 회사를 운영하면서 부지불식간에 한국 기업의 그릇된 규범과 관행을 닮지 않으려고 하는 태도는 그때 배운 자세이다.

인력거 일을 시작할 즈음에 『허클베리 핀의 모험』을 오디오 북으로 다시 만났다. 주인공 헉은 자신을 억압하는 아버지를 떠나 모험

을 하면서 세상의 다양한 사람을 만나고 새로운 경험을 했다. 아마
도 창업이라는 모험을 앞두고 있어서 내 눈에 띄었는지도 모르겠
다. 나도 창업을 하고나서 다양한 사람들을 많이 만났다. 회사에
다닐 때는 그야말로 회사-집-회사-집이 내 삶의 테두리였고, 내
가 만나는 사람들도 그 안에 있는 이들이 다였다. 사업을 시작하
니 소상인들의 삶이 보이기 시작했다. 지나가는 사람들의 표정, 각
기 다른 길거리 간판들, 실생활의 작은 법규들…… 그동안 보이지
않던 것들이 다 보였다. 새로운 사람들과 인연을 맺고 사회를 알아
나가는 나는 열세 살짜리 혁과 다를 게 없었다.

　나의 실수를 꼭 잡아주신 칼라엘 선생과 기운을 북돋아 준 쳐츠
선생께 감사의 마음을 전하고 싶다.

3
다른 세상에
빠지다

인력거를 타러 나올 때마다 그날 나온 라이더들과 장난도 치고,
예쁜 여성이 지나가면 〈Pretty Woman〉 노래도 부르며 재밌게 일했다.
노동이 아니라 놀이처럼 즐겼기 때문인지,
일을 마치고 돌아와 땀범벅이 된 몸을 씻으러 들어가면 가슴이 뿌듯했다.

다른 세상 보기

대학에 들어가니 구속 많던 고등학교와 달리, 수강 신청부터 기숙사 생활까지 마치 별천지 같았다. 밤도둑처럼 갑자기 찾아온 자유는 쉽게 통제되지 않았다. 밤새 술을 곁들인 파티를 하고 다음날 일어나면 무슨 일이 있었는지 깜깜하고…… 그런 날들이 이어졌다. 깨어 있을 땐 친구들과 비디오 게임을 하거나 럭비팀 훈련을 나가곤 했다. 같이 어울려 놀던 선배들은 어떻게 그럴 수 있었는지 수업도 가고 학교 공부도 따라갔다. 그런데 나는 대학 1학년 내내 전혀 그러지 못했다. 어느 순간 정신이 번쩍 들었다. 부모님이 보내주신 막대한 학비를 쓰며 이렇게 어영부영 시간을 보낼 바에야 차라리 군 복무부터 마치는 게 낫겠다 싶었다. 2005년 7월 한국으로 돌아와 군에 입대했다. 군대도 새로운 세상이라 생각하고 내 딴에는 색다른 재미를 기대하고 들어갔다. 그러나 군대는 나의 기대를 저버렸다. 점호-일과(훈련 등)-식사-청소-점호-근무, 종종 나가는 훈련 및 진지 공사. 가끔 발생하는 큰 훈련이나 비상 사태를 제외하곤 분기마다 일정한 패턴으로 돌아갔다. 그렇게 다람쥐 쳇바퀴 돌듯 비슷한 나날을 보내던 어느 날, 이라크 파병군을 모집한다는 공고를 보게 되었다. 호기심이 발동했다. 미지의 세계를 탐험해 보고 싶었다. 사람들은 위험하지 않겠냐며 걱정했지만, 그래서 나는 더 호기심이 생겼다. 군 생활을 했던 경기도 양주에서 24개월을 보낸다는 건 정말 우울할 일 아닌가. 이라크 파병 지원서를 내고 장기 훈련을 받고 오니 대대 인사 담당관이 반가운 소식을 전해 주었다.

"인재, 너 이라크 됐다."

"아 정말요?"

날듯이 기뻤다. 이라크 자이툰 부대에서 나의 주요 직무는 현지 주민들과 우리 부대 지휘관 사이의 통역이었다. 우리 부대의 주요 임무는 이라크에 인프라를 깔아주고 마을 축제를 열어주는 등 각종 대민 활동으로 그들의 실생활에 도움을 주는 일이었다. 그 지역 이장들은 우리를 마치 구세주로 여기는 것 같았다. "우기 때는 홍수가 나니까 여기에 배수로를 만들어주세요." "사람들이 모일 수 있는 건물을 지어주면 좋겠어요." 심지어 어느 주민은 "집 앞에 쓰레기가 너무 많아요. 치워주세요."라는 다소 이기적인 부탁도 했다. 우리 부대는 6개월이라는 짧은 기간 동안 많은 성과를 이루었다. 눈에 보이는 성과뿐만 아니라, 그 과정에서 의미 있는 일들도 해냈다. 우리 부대의 대대장은 "우리가 하는 일은 우리만 해서는 안 됩니다. 여러분이 참여해야 의미가 있습니다."라고 현지인들에게 입이 닳도록 당부했다.

대대장이 열을 내어 강조한 이유는 우리가 하는 대민 사업이 일회성으로 끝날 우려가 다분해서였다. 이전의 사례를 보면, 우리가 열심히 일을 해주고 가도 현지인들이 관리를 안 해서 원점으로 되돌아간 일이 허다했기 때문이었다. 내 눈에 비친 이라크 사회는 꽤 생소했다. 척박한 사막에 기온이 높은 환경이어서인지 딱히 직업이나 일이 없이 빈둥거리는 청년들이 눈에 띄었다. 상호 간 약속에 대한 개념도 우리와 조금 다르고 계속된 전쟁 탓인지 시스템이 없어 보였다. 학교를 지어 그 안에 텔레비전이나 시계를 들여주면 교사들이 자기 집으로 가져가는 일도 있었다. 대대장은 주민들이 함께할 일이 있으면 주민회관에 사람들을 모아놓고 설득하고 또 설득했다.

"우리나라도 불과 몇십 년 전 아주 못 살았습니다. 그런 시절에 모두 함께 열심히 일하자고 나서서, 지금은 잘 살게 됐습니다. 여러분도 할 수 있습니다." 때론 그들을 어떻게든 움직이게 하려고 이런 협박도 했다. "내일 아침에 30명 이상 나와 있지 않으면 저희도 그냥 가 버릴겁니다." 사실 30명이 나오지 않아도 돌아가지 않을 거지만, 조금이라도 참여도를 높여 주인의식을 갖게 하려는 대대장과 우리 부대원들의 눈물겨운 노력이었다. 그렇게라도 하니 조금씩 나오는 사람이 늘기 시작했다. 나는 현지 주민들과 어울리면서 새로운 문화를 접했고, 그들을 도우면서 희열도 맛보았다. 처음엔 혼자 대대의 통역 일을 도맡다 보니(나중에는 2명이 되었지만) 온종일 나를 찾는 이들이 많았다. 야밤에도 여기저기서 불러대니 힘은 들었지만 그럴 때마다 '사람들이 또 언제 이렇게 나를 찾을까?' 하는 생각으로 6개월 동안 최선을 다했다. 어쩌면 그때의 경험이 지금 내가 하는 일의 바탕이 되었을지도 모른다.

이라크 파병은 여러모로 내 삶의 새로운 지평을 열어주었다. 매달 2백만 원 남짓 나오는 월급을 모아 제대 후에는 등록금으로 천만 원 가량 보탤 수 있었다. 2년 동안의 군 생활은 나의 유학 공백 기간이기도 해서 부모님께 학비 조달 휴식기도 선사했다. 늘 유학 자금에 허덕이시던 부모님께 태어나서 처음 효도를 한 듯 뿌듯했다.

군 복무를 마치고 미국 비자를 연장하기 위해 성적표를 떼 보았다. 1학년 때 학점은 처참한 수준이었다. 'E'라는 점수도 있었다. 그걸 보고는 '엑셀런트(excellent)인가?' 했는데, 불행히도 E는 'fail'이었다! (참고로 'F'는 'badly fail'이다.) 또 한 과목은 최종 프로젝트를 안 하고 한국으로 튀어버려서 'incomplete(불완전 이수)'로 돼 있고…… 구속과 억압에서 풀려나 다시 자유로워진 두 번째 경험, 다시는 1학년 때와 같은 실수는 하지 않으리라고 마음 먹었다.

인력거와의 만남

군 복무를 마치고 미국으로 돌아가자마자 나는 비니에게 연락부터 했다. 한국에서 군 복무하는 동안에는 연락이 뜸했는데 그동안 그의 인생에는 먹구름이 스쳐 지난 듯했다. 비니는 그렇게도 바라던 하키 선수의 꿈을 접었다고 했다. 대학 하키팀 1부 리그에서 열심히 뛰었으나 성적은 그의 열정을 따르지 못했다. 그 후 3부 리그 팀이 있는 대학으로 옮기고 나서는 하키 대신 여러 아르바이트에 더 열심이었다. 인력거 라이더는 그가 했던 여러 가지 일 중의 하나이다. 여기서 '인력거'는 '페디캡(pedicab)'이라 불리는 삼륜 자전거로, 말 그대로 페달을 밟아서 나가는 택시(cab)라는 뜻이다. 그 당시 미국에서는 보스턴, 뉴욕, 샌프란시스코, 워싱턴DC, 시애틀, 오스틴 등 꽤 여러 도시에서 인력거를 볼 수 있었다. 비니는 "오늘 정말 멋진 여자를 태웠어!"라거나 "오늘 팁으로 100달러

나 받았어!" 라는 둥 귀가 솔깃해지는 얘기를 자주 들려주었다. 타고난 운동 신경과 아이스하키로 단련된 몸과 체력, 이야기꾼 기질이 다분한 비니는 마치 천직을 만난 듯했다. 학업을 병행하면서도 2년 넘게 꾸준히 해 온 걸 보면 그 일이 적성에 딱 맞았던 게 틀림없다. 회사 송년파티 때 회사에서 가장 체력이 좋은 라이더에게 주는 'Iron Man(철인)' 상도 받았을 정도다. 비니한테서 인력거의 묘미를 전해 듣고는 언젠가 나도 꼭 한번 해 보고 싶다는 생각을 하게 되었다. 기회는 생각보다 빨리 왔다. 대학 졸업을 앞두고 비니가 매력적인 제안을 했다.

"이번 여름 동안 인력거를 타면서 미래를 생각해 보는 게 어때? 내가 살고 있는 집에 방이 하나 빌 거야. 그 집에 같이 살면서 해보는 거야."

거절할 이유가 없었다. 비니와는 고등학교 시절 대부분을 가까이 지내며 재미있는 추억을 쌓았다. 인력거 일에 흥미도 있었지만 비니와 함께 한다는 사실만으로도 이미 나는 들떠 있었다. 미국에서 대학을 졸업하면 1년 동안 일할 수 있는 비자가 나오므로 일을 하는데 문제는 없었다. 나는 주저 없이 보스턴 행을 결심했다. 그동안 햇수로 8년 동안이나 미국 생활을 했지만, 한적한 시골 동네에 위치한 학교와 기숙사에만 있었다. 그래서인지 대도시에서 새로운 일을 시작한다고 생각하니 살짝 긴장감마저 들었다.

인력거의
매력에 빠지다

미국에서 인력거가 선보인 때는 1980년으로 알려졌다. 자료를 보면, 샌프란시스코에 인력거가 등장하자 순식간에 관광객들의 눈길을 끌었고 이내 지역 명물로 떠올랐다고 한다. 돈되는 곳에는 경쟁자들이 나타나는 법. 그 후 우후죽순으로 이런저런 인력거들이 나타났고 하나둘 문제가 발생하기 시작했다. 명성이 추락하는 건 한순간이었다. 라이더들끼리 시비가 붙기도 했고, 패싸움이 일어나거나 범죄 활동을 저지르기도 하는 단체와 연계되는 일도 심심치 않게 일어났다. 그러자 지역 상인들도 더는 인력거를 반기지 않았고 관광객들도 외면했다. 그 사이 뜻있는 인력거 업체에서 관련 법규를 마련해 달라고 시에 요청했고, 마침내 공식적인 허가를 받아야만 영업할 수 있게 되었다. 제도적 장치가 마련되자 인력거 운행은 안정을 찾았고, 관광객과 지역 상인들의 호응도 회복하게 되었다. 샌프란시스코에서 인력거가 명물로 이름나자 뉴욕에서도 2000년 인력거가 나타나기 시작했다. 특히 볼거리가 많은 맨해튼 지역에서 인력거는 금세 호응을 얻어 지금까지 인기를 누리고 있다.

2010년 내가 인력거 라이더로 일할 당시 보스턴에는 2개의 인력거 회사가 나란히 사업을 펼치고 있었다. 비니가 일했던 곳은 '보스턴 페디캡(Boston Pedicab)'인데 회사의 창업 배경이 재미있다. 보스턴 페디캡의 창업자 벤 모리스는 대학 4학년 때 수업 과제로 인력거 사업계획서를 써 보았다고 한다. 2005년의 일이다. 재미삼아 써 본 사업계획서의 반응이 좋아서 그는 사업에 뛰어들었다. 그해 인력거 5대로 보스턴에서 시작한 사업이 점점 번창하여 시애틀, 워싱턴 DC, 마이애미, 뉴포트 등의 노시로 확장해 나갔다.

보스턴 패디캡의 라이더로 일하려면, 먼저 인력거 회사에서 채용 확인증을 받고 경찰서에 가서 자전거 면허증을 받아야 한다. 신원 조회(미국에서 일할 수 있는 비자가 있는지, 범죄경력이 있는지 등을 조사한다.)를 거쳐 문제가 없으면 자전거 면허증을 받는다. 일을 시작하기 전에 나는 매니저급 라이더에게서 오리엔테이션과 인력거 운행 훈련을 받았다. 인력거 운행에 앞서 해야 할 일, 즉 인력거 차고에 들어와 출석 일지에 이름을 적는 것과 인력거 라이더가 지켜야 할 몇 가지 규칙들을 알려주었다.

- 술이나 마약을 하고 인력거를 타지 말 것
- 인력거 위에서 담배를 피우지 말 것
- 가지 말아야 할 곳(예를 들면 빈민가 같은)
- 인력거가 올라갈 수 있는 인도가 어디인지 확인할 것
- 일방통행 길에서의 규칙
- 요금 제도 준수(보스턴 페디캡은 팁 제도이므로 "요금이 얼마다."라고 하면 안 됨)
- 어두워지면 라이트를 켜야 하고 교통질서를 준수할 것
- 최대 4명까지만 태워야 하고 되도록 도로 오른쪽에 붙어서 갈 것

　그 당시 보스턴 패디캡은 G.M.(general manager, 라이더 교육 · 일정 관리 · 채용 등의 인사 업무, 민원 관리, 때론 인력거 운행도 하는) 1명과 여직원(경리 · 제휴 업무 등 사무 담당) 1명, 거기에다 이 일 저 일 도와주면서 정비 일을 보는 직원 2명과 라이더가 6~70명 가량 있었다. 모든 라이더가 매일 나오지는 않았다. 많게는 20명, 적어도 5명 이상은 항상 나왔다. 그중 경험 많은 라이더가 현장 매니저로서 당일 인력거 차고를 여닫는 일을 한다. 그뿐만 아니라 예약 전화를 관리하고 인력거에 이상이 생기면 찾아가서 정비해 주는 역할도 했다. 그날의 수입을 정산하고 마무리하는 일도 매니저가 해야 할 일이다. 비니도 현장 매니저 역할을 하는 라이더 중 한 명이었다.
　나는 일하는 동안 창업자인 벤을 한 번도 만난 적이 없지만 매스컴에 등장한 모습을 보면 사업가 기질이 다분한 사람이었다. 그

는 늘 인력거의 가치를 강조했다. 인력거 사업은 지역 일자리를 창출할 뿐 아니라 '1대1 서비스'를 하는 사업이라 사회를 긍정적이고 발전적으로 변화시킨다는 점을 부각했다. 그가 하는 말에는 자부심이 진하게 배어 있었다. 라이더가 입는 유니폼에는 'I pedal for green'이라고 박혀 있는데, 바로 '친환경'이 보스턴 패디캡의 주요 콘셉트였다. 그는 회사 소개 동영상에서도 인력거는 탄소를 배출하지 않는 친환경 이동 수단임을 거듭 강조했다. 직접 일을 해보니 자부심을 가질 만했다.

인력거는 지역 관광뿐만 아니라 이동 수단으로도 인기가 많았다. 홈구장인 펜웨이파크에서 보스턴 레드삭스(Boston Red Sox)의 경기가 있을 때는 굳이 호객하지 않아도 인력거의 인기는 엄청났다. 경기장과 주차장의 거리가 걷기에는 다소 멀어서, 바쁘게 주차장과 경기장을 오갔던 기억이 난다. 돈도 두둑이 벌었다.

막상 인력거 일을 경험해 보니 비니가 왜 그렇게 좋아하는지 충분히 이해되었다. 인력거를 타러 나올 때마다 그날 나온 라이더들과 장난도 치고, 예쁜 여성이 지나가면 〈Pretty Woman〉 노래도 부르며 재밌게 일했다. 노동이 아니라 놀이처럼 즐겼기 때문인지, 일을 마치고 돌아와 땀범벅이 된 몸을 씻으러 들어가면 가슴이 뿌듯했다.

각양각색의 프로들

미국의 인력거는 인력거의 이미지(아시아 몇몇 나라에서 고단한 삶이 연상되었던)를 단번에 바꾸어놓았다. 친환경 교통수단 내지는 신개념 관광 상품으로, 기존에 있었던 인력거라는 도구에 의미와 재미를 더했기 때문이다. 그런데 내가 경험해 보니 그게 다가 아니었다. 보스턴에는 다양한 배경을 가진 라이더들이 있었다. 거리에서 만나는 각양각색의 라이더들은 인력거라는 도구를 통해 하나가 된다. 그런데 일을 마치고 돌아가면 전혀 다른 캐릭터로 변했다. 그들은 하나같이 개성이 넘치는 재능과 경력의 소유자들이었다. 이렇게 각기 다른 사람들이 만드는 다양성과 인력거를 통해 소통하는 문화. 그게 바로 보스턴 인력거를 특별하게 만드는 힘이었다. 바로 이 점이 나의 흥미를 끌었다. 그래서인지 보스턴 페디캡을 떠올릴 때마다 맨 먼저 동료들이 생각난다.

라이더가 되어 그 세계를 들여다보니 바깥에서는 결코 보이지 않을 귀한 가치를 발견할 수 있었다. 인력거 운행은 팀 스포츠였고 라이더는 프로였다. 뮤지션, 코미디언, 웹 디자이너, 교사, 대학원생…… 배경만 다양한 게 아니었다. 라이더 하나하나 자기만의 색깔을 지니고 있었다. 무척 인상적이었던 동료 몇 명을 소개해 본다.

보험회사에 다니면서 저녁에만 나오는 아저씨. 그는 삼십 대 후반으로 라이더로선 약간 고령층에 속할지 몰라도 열정과 에너지는 이십 대 못지 않았다. 일 마치고 나오면 힘들겠다 싶은데 오히려 그는 "여기는 나의 파이트 클럽이야! 피곤을 싹 씻어버리고 돌아가거든."라고 말했다. 인력거 운행을 자신만의 '파이트 클럽(〈Fight Club〉, 1999년 개봉한 미국 영화)'에 비유했던 거다. 그의 모습을 보면 마치 그 영화 속 주인공 타일러 더든(브래드 피트)이 내 앞에 있는 듯했다.

손님들에게 가장 인기 있는 라이더는 누가 뭐래도 유머가 넘치는 이들이다. 처음 만나는 손님들과 금방 친해지기 위해서라도 라이더들에게 유머는 반드시 필요한 능력이다. 데이나는 한때 의류 회사의 지역 매니저로 일했는데 원래 그의 꿈은 스탠딩 코미디언이었다고 한다. 내가 그를 만났을 때 그는 스탠딩 코미디언과 인력거 라이더를 병행하고 있었다. 꿈을 이룬 것이다. 낮에는 라이더로 밤에는 아마추어 무대에 서거나 코미디 강사로 일했던 그는 늘 재치 있는 말솜씨로 손님들을 즐겁게 해주었다. 아마 라이더들 중에서 가장 많은 팁을 받았던 것으로 기억한다. 한 번은 저만치에서 데이나가 유유자적 인력거를 몰며 행인들에게 외치고 있었다.

"해피 프라이데이, 피플! 그런데 너는 어째 수요일 얼굴이야? (지나가던 사람이 웃으면) 그렇지, 그게 금요일 얼굴이지."

그의 유머 덕에 금요일 얼굴을 되찾은 사람들은 십중팔구 인력거에 올라탔다. 데이나는 짬날 때마다 동료 코미디언과 유명 텔레비전 프로그램을 패러디한 동영상을 만들어 올리기도 했다. 이런 그의 모습을 보니 인력거가 하나의 무대이고, 라이더 한 사람 한 사람은 예술가이자 무대의 주인공이라는 생각이 들었다. 그래서 나는 라이더 오리엔테이션 때마다 이 말을 강조한다. '인력거는 라이더의 무대'라고.

비니가 '베스트 스토리텔러'라고 엄지손가락을 치켜세웠던 오버샤이너란 친구도 무척 인상적인 라이더 중 하나다. 그는 어떤 손님을 태워도 막힘없이 술술 이야기를 풀어가기로 유명했다. 그다지 유머 감각이 탁월한 것도 아닌데 말이다. 우리말로 넉살이 좋다고 해야 하나? 그 당시 나는 경험 많고 입담마저 좋은 라이더들 사이에서 주눅이 들어서 나만의 차별화된 뭔가가 절실했다. 그런 와중에 오버샤이너의 이야기를 들으니 그가 어떤 사람인지 무척 궁금해졌다.

어느 날 오후 손님이 뜸하길래 길가에 인력거를 세워놓고 『돈키호테』를 읽고 있었다. 한창 책에 빠져있는데 누군가 어깨를 툭 쳤다. 오버샤이너였다. 그는 내가 읽고 있는 책 표지를 보더니 무척 반가워했다.

"정말 좋은 책이야. 나도 읽었어."

"어 그래? 두꺼워서 좀 부담스럽긴 해."

우리는 책을 매개로 이런저런 이야기를 주고받았다. 알고 보니 그는 책벌레였다. 오버샤이너와 얘기를 나누고 나서 궁금증이 풀렸다. 그가 누구와도 이야기를 잘 풀어간 이유는, 평소 책을 많이 읽은 덕분에 자기만의 튼튼한 콘텐츠 박스를 가지고 있기 때문이었다.

보스턴 페디캡에는 이처럼 다양한 재능을 가진 라이더가 많았다. 자신의 꿈과 목표를 포기하지 않고 인력거 일을 하러 나오는 친구들이 많았다. 그 모습이 매우 인상 깊었다. 나는 그들에게서 공통점을 발견했는데, 그건 바로 삶의 만족도가 매우 높다는 사실이다.

처음엔 그들에게서 단순히 손님에게 인기를 얻을 수 있는 비결을 배우고자 했는데 더 큰 가치를 배웠다. 잊지 못할 동료들이다. 우리는 사람들이 많이 지나다니는 곳에서, 함께 손님을 기다리며 서로의 노하우를 교환하거나 손님들에게 해줄 농담거리를 연습하곤 했다. 그러다 각자 목에 찬 위성 무선기로 서로의 상황을 보고하며 금발 미녀를 태우는 운 좋은 날을 만나기도 했다.

내겐 아주
특별했던 100일

보스턴 페디캡은 인력거 운행 코스를 따로 정해두진 않았다. 대략의 동선만 정해 두고 그 안에서 라이더가 자유롭게 다니도록 했다. 내가 일할 당시 보스턴에는 약 25대의 인력거가 있었다. 라이더로 일하면서 인상적이었던 건 회사나 시에서 정한 규칙 이외에 라이더들끼리만 통용되는 자율 규칙이 있었다는 점이다. 이를테면 이런 것들이다. 인도에 올라가지 못하는 곳에서는 무슨 일이 있어도 절대 인도에 올라가면 안 되고, 일방통행 길에서는 누구라도 인력거를 손으로 끌고 가야 하며, 인기 많은 장소에서는 먼저 와서 기다리고 있는 순서대로 손님을 태운다, 등등의 규칙이다. 나는 보스턴에서 일하는 동안 이 규칙을 어기는 사람을 한 사람도 보지 못했고, 인력거와 관련해서 단 한 건의 사고도 보지 못했다. 누가 먼저랄 것도 없이 잘 지켰다.

이렇게 서로 양보하면서도 라이더들은 평균적으로 하루 10시간 일하면 최소 100달러에서 최대 400달러 정도의 수입을 거두었다. 그건 바로 그들이 어우러져 만드는 문화와 스스로 구축한 프로 정신, 여기에 끈끈한 팀워크가 합쳐진 결실이었다. 또 라이더 스스로 선택할 수 있는 탄력적인 근무 환경은 다양한 배경의 사람들을 끌어들였다. 한국에서 인력거 일을 하기로 마음먹고는 무엇보다도 이런 문화를 구현하고 싶었다.

보스턴에서의 인력거 경험은 특별하고도 의미 있었다. 미국 사회를 진하게 체험했던 시간이었다. 미국에서 생활한 지 햇수로 8년이 되었지만 그동안 내가 미국 사회의 일원이라는 생각은 들지 않았다. 반면 3개월 남짓 인력거 일을 할 때는 처음으로 미국 사회의 구성원이 된 듯했다. 아마도 현지인과 직접 부딪히는 삶의 터전에서 경제활동을 했기 때문이었을 거다. 인력거를 끌다가 취업을 시켜주고 싶어 했던 분을 만난 적도 있다. 그분은 전형적인 미국 신사로, 내가 이야기해 주는 보스턴의 역사를 아주 흥미롭게 받아들였다.

"어? 미국인이 아니네?"

"저 한국에서 온 유학생이에요. 막 대학을 졸업했는데 앞으로 무슨 일을 할까 계획 중이에요."

"그래? 이런 일 힘들 텐데…… 대견하네."

외국인이 보스턴의 역사를 그럴듯하게 풀어놓는 게 대견하게 보였던지, 아저씨는 내게 명함 한 장을 건네주면서 마침 친구 회사에서 직원을 뽑으니 지원해 보라고 권했다. 그때는 미국에서 직장을 구할 생각이 없었던 터라 감사의 인사만 드렸다. 그날 아저씨는 내가 열심히 일하는 모습에 감동했다며 무려 100달러를 팁으로 주셨다.

한편, 모든 일이 그렇듯이 인력거 일도 재미있고 낭만적으로만 채워지지 않았다. 어린아이한테서 소매치기 취급을 당한 일 하며, 차 안에서 아시안 인종을 원색적으로 비난하는 소리를 지르고 도망가는 인간들도 자주 맞닥뜨리고, 인력거를 타고는 팁을 내지 않고 내뺀 흑인 청년을 쫓다가 슬럼가에서 그의 친구들에 포위되어 죽을힘을 다해 도망 나온 경험도 있다.

보스턴은 차이나타운이 아니면 소상공 경제활동을 하는 아시안(미국인, 즉 교포가 아닌 동양인)을 보기 쉽지 않은 도시다. 보스턴 페디캡에서도 내가 최초의 동양인 라이더라고 했다. 그렇다고 특별한 대접도 차별적 대우도 없었다. 그런데 이상하게도 처음에는 왠지 동양인이라는 사실에 스스로 위축되었다. 그건 아마도 일상에서 부딪히는 차별 때문이었을 거다. 그럴 때면 처음 미국에 왔을때와 같은 외로움을 느끼기도 했다. 그게 바로 상아탑 밖 현실이었다.

2010년 그해 봄의 끝에서 여름의 끝자락까지, 그렇게 100일 남짓한 시간을 다양한 사람들 틈에서 인력거와 함께 보냈다.

Start Up

2막

이상과 현실 사이에서

주사위는 던져졌다

나는 왜 처음부터 회사에 취직하는 것을 목표로 두었을까?
창업하고 나서야 누군가 정해놓은 가이드라인과
조건 좋아 보이는 일 따위는 별 의미가 없음을 깨달았다.

무심히 선택한
일과 직장

보스턴에서 인력거 일을 할 때 '이런 걸 한국에서도 해 볼 수 있을까?' 하고 아주 잠깐 생각해 본 적이 있다. 나는 그 일을 몹시 즐겼고 돈도 벌었다. 그럼에도 내 일로, 온전한 내 직업으로는 바라보지 못했다. 보스턴 페디캡의 창업자는 학교 때 과제로 낸 사업계획서를 사업으로 실행했다고 한다. 내가 그렇게 즐겼던 일이라면 한국에 돌아가서 바로 창업으로 뛰어들 구상도 해 볼 만했을텐데, 그때는 그런 생각조차 해보지 못했다. 그건 아마도 '사업'이란 단어가 나에게 꽤 부정적으로 인식되었기 때문일 거다. 어린 시절 어른들이 나누는 이야기를 듣고 있으면, 누가 사업해서 망했다는 둥 사업하면 경제적으로 불안하다는 둥 온통 사업을 죄악시하는 말뿐이었다. 게다가 아버지께서 나의 유학 시절 잠시 사업을 하시다가 안 좋게 접은 적도 있었다.

짧지 않은 시간이지만 특별히 해 놓은 것 없었던 미국 생활. 그나마 인력거 일로 마무리하게 되어서 내 인생에 큰 의미로 남았다. 그렇지만 그 일이 한국에서도 이어질 거라고 전혀 생각하지 못했다. 폭넓은 세상에서 자기가 좋아하는 일을 하며 즐겁게 사는 보스턴 페디캡 동료들의 모습을 보고 느낀 것도 많았건만, 한편으론 한국으로 돌아갈 생각에 무척 들떠 있었다. 이미 한국으로 돌아간 유학생 친구들에게서 한국 생활을 전해 들을 때마다 나도 빨리 돌아가고 싶었다. 오랫동안 떨어져 살았던 가족과 함께 살면서 어머니가 차려주시는 따뜻한 밥도 먹고 싶었다. 아버지께서도 한국의 외국계 금융회사에서 먼저 경험을 쌓아보라고 권유하던 차였다.

2010년 9월, 추석을 며칠 앞두고 한국에 돌아왔다. 나는 외국계 금융회사 몇 곳에 입사 지원서를 냈다. 그 당시에는 '유학 후 외국계 금융 또는 컨설팅 회사 입사'가 많은 유학생들이 밟으려는 코스였다. 인생의 철학을 잊고 살았던 시절 내가 원했던 바도 마찬가지였다.

삶에 대한 진지한 성찰이 없었기에 내 일과 직장을 고르는 데도 깊은 통찰은 없었다. 그저 괜찮은 외국계 금융회사에 들어가면 된다고 생각했다. 월급 좀 더 받고 그냥 그렇게 살다 보면 어떻게 되겠지, 하는 어리석은 생각. 2010년 12월, 지원했던 몇 군데 중 가장 먼저 합격 통지를 받은 외국계 증권사에 단 일 분도 고민하지 않고 들어가기로 했다. 내가 지원한 팀이 구체적으로 어떤 일을 하는

지도 모르고.

보스턴에서 인력거를 몰면서 세상에는 다양한 직종이 있다는 것을 알았고, 저마다 다른 삶의 모습도 보았다. 그런데도 왜 나는 처음부터 회사에 취직하는 것을 목표로 두었을까? 창업하고 나서야 누군가 정해놓은 가이드라인과 조건이 좋아 보이는 일 따위는 별 의미가 없음을 깨달았다.

내가 다닌 증권회사는 그리 딱딱한 곳은 아니었다. 회사 분위기도 좋고 동료들도 따뜻했던 그 곳에서 나는 점점 무기력해졌으니, 그건 순전히 내 탓이다. 내가 어떤 사람인지, 내가 뭘 할 때 즐거운지 깊이 고민해 보지 않고, 그냥 남들 하는 대로 따라 한 것에 대한 뼈아픈 대가였다.

그렇게 간신히 1년 2개월을 채우고는 "인력거 일을 해 보려고요."라는 말로 여러 사람을 어리둥절하게 해놓고 회사를 나왔다.

일단 시작부터 하자

내가 하고 싶은 일을 찾았고 엄두를 냈으면서도, 막상 시작하려니 무엇부터 해야 하나 선뜻 정리되지 않았다. 일을 시작하려면 돈이 필요했다. 직장 생활하면서 모은 돈이 있었으나 사실상 백수인 셈이어서 한 푼이라도 허투루 써서는 안 될 일이었다. 요즘은 더 많아졌지만 내가 창업했던 2012년에도 각종 창업 관련 지원 사업과 공모전이 많았다. 아이디어와 열정, 결심만 있으면 누구든 도전해 볼 수 있는 길이 열려 있는 셈이었다. 초기 사업 자금과 창업에 대한 조언 그리고 사업 공간이 절실했던 나에게 공모전은 이 모든 것을 한 방에 해결해 줄 구세주처럼 보였다. 한중(韓中) 남심(男心)을 움켜잡은 탕웨이만큼 매력적이었다고나 할까. 내가 사는 동네 이름은 용산구에 있는 신계동. 대치동이나 연희동처럼 서울 어디서나 택시를 타면 바로 목적지를 댈 수 있는 그런 동네가 아니다. 그래서 항상 '구 용산구청 사거리'라고 일러줘야 했는데, 바로 그 구 용산구청이 꽤 오랫동안 비어 있는 듯했다.

하루는 그 건물에 '청년창업 플러스 센터'라는 새 간판이 눈에 띄었다. 바로 코앞에서 창업인을 위한 공간을 발견한 것이다. '앗, 이거 나를 위한 곳인걸!' 집도 가깝고 저기에 사무 공간을 얻으면 되겠다 싶었다. 아니, 순진하게도 마음은 이미 거기 들어가 있었다.

청년창업 플러스 센터에 들어가려면 그 전에 서울시 산하 단체에서 주관하는 사전 창업 교육을 받아야 했다. 나는 주저 없이 창업 교육 프로그램에 지원했다. 지원서에는 창업 동기 및 배경, 비즈니스 모델 등등 써야 할 내용이 많았다. 나는 진심을 담아 열심히 썼다. 무슨 경연도 아니고 소액의 돈을 내고 교육받는 프로그램이라 쉽게 뽑히리라 기대했다. 그런데 웬걸, 결과는 탈락. 창업을 지원해 주는 것도 아니고, 단지 교육을 받을 기회만 주는 건데 떨어지다니……. 아무도 하지 않은 일을 시작하려고 회사까지 그만둔 나는 준비된 후보가 아닌가. 게다가 인력거 사업은 외국에서 이미 검증된 사업이라고 잘 설명했는데 왜 떨어뜨렸을까?

좀 어이가 없었지만, 나중에 각종 공모전에 나가 심사위원들의 수준과 앉아있는 꼴을 보고 내내 이해가 됐다. 심사위원들은 새로운 것과 변화 등에 대한 두려움과 무지를 겸비한 아저씨들이었다. 게다가 인력거는 작금의 창업 아이템에 부합하지 않는다는 선입견이 있었다. 그들의 시각에 맞추려면 아마도 '청년'에 어울릴 법한 아이템('IT'나 '지식 서비스'란 말로 포장된 것)이어야 했을지도 모르겠다. 그러니 내가 써낸 '삼륜 자전거 택시 서비스'라는 아이템을 보고 장난처럼 여겼을 수도 있다. 그 일이 있기 바로 얼마 전에 한 공모전에서 탈락했던 경험이 떠올라 더 속이 쓰렸다.

회사를 나오기 한 달 전, 한창 창업 생각에만 빠져 있을 때였다. 벤처 인큐베이팅 기관인 '패스트 트랙 아시아(Fast Track Asia)'에서 최고경영자(CEO)를 공개 채용한다는 신문 기사를 어머니께서 보여 주셨다. 패스트 트랙 아시아는 회사를 만들고 성장을 돕는 인큐베이터(incubator)를 자처하는 회사다. 창립 구성원들은 소셜 커머스 '티켓몬스터'를 성공하게 한 경험이 있다고 했다. 이 경연에서 최종 선발되면 직원과 사무실을 지원해 주고 사업 구성도 다 해 주고, 선발자는 시이오 역할만 하면 된다고 했다. 뜻이 있으면 길이 있다고 했던가. 뽑히면 좋고 안 되더라도 잃을 게 없겠다 싶어서 지원해 보기로 마음먹었다.

경제연구원으로 일하고 있던 친구 재훈('제임스'라는 별명으로 아띠 인력거에서 오래 일했다.)에게 연락했다. 그는 "어, 그거 재밌겠는데." 하면서 함께 지원해보자는 제안을 선뜻 받아들였다. 우리는 각자 이력서와 지원서를 써 냈고 1차 서류전형에 통과했다.

2라운드는 전화 인터뷰였다. 가장 중요한 질문은 '왜 당신이 시이오로 선정되어야 하는지 설명해 주세요. 실제 경험을 중심으로 3분간 이야기해 주세요.' 였다. 나로선 창업 경험이 없었기 때문에 대학 시절 과테말라로 여행 갈 경비를 마련하기 위해서 컵케이크를 팔았던 것부터, 어릴 때 집에서 뽑기 장사를 했던 이야기까지 버무려 원고를 만들었다. 원고를 들고 거울을 보며 혼자 연습하고 또 연습했다. 회사에서 야근하다 두서없이 인터뷰했는데 다행히 나도 제임스도 2차 관문을 통과하고, 마지막 3라운드에 도달했다. 여기서 뽑히면 무엇보다 부모님께 떳떳하게 말하고 사업을 시작할 수 있겠다 싶었다. 물론 회사에서 정해주는 사업을 해야 한다는 게 마음에 걸리긴 했지만, 그래도 좋은 경험이 될 것 같았다.

3라운드는 직접 비즈니스 사례를 분석하고 발표해야 했다. 그런데 막상 3라운드 과제를 이메일로 받고 보니 눈앞이 캄캄했다. 둘 다 경영학을 전공한 것도 아니고 파이낸셜 모델링 같은 것도 할 줄 몰랐기 때문에 뭘 시작해야 할지 손에 잡히지 않았다. 순간 베트남에서 친구들과 10원 경매 사업을 하고 있던 대학 친구가 떠올랐다. 그는 실제로 창업 경험이 있고 웬만한 관련 서적을 독파하여 지식이 풍성했다. 옛 친구의 다급한 부탁에 그는 자기 사업으로 한창 바쁜 와중에도 나를 도와주겠다며 서울로 날아왔다.

3라운드 과제는 유아 전문 쇼핑몰 사업계획서를 작성하는 것이었다. 우리에게 제시된 대략의 질문은 이러했다. '이 사업의 시장 크기는 어느 정도 됩니까? 차별화를 어떻게 할 생각입니까? 수입 모델은 얼마나 될지 예상해 보십시오. 연간 매출을 계산해 설명해 보십시오.'

우리는 화이트보드를 앞에 두고 자료를 분석했다. 설 연휴 동안 몇 날 며칠 밤을 꼬박 새워가며 사업계획서를 작성하고 발표를 준비했다. 드디어 발표 날, 큰 기대는 하지 말자고 서로를 다독였다. 하지만 사람 욕심이 어디 그런가. 마지막 라운드까지 진출했고 열과 성을 다해 준비했으니 내심 선발되기를 바랐다. 그러나 운명의 여신은 우리를 외면했다.

아쉽게도 떨어졌지만, 나는 그날의 경험을 통해 앞으로 경영을 하는데 중요한 교훈을 얻었다. 우리는 발표할 때 주어진 질문에 충실한 정답만 제시하려고 했다. 하지만 그보다는, 주어진 사업과 관련해 실제 상황처럼 과제를 수행하여 실전에서 느낀 점을 토대로 했으면 더 나았을 거다.

우리는 인터넷으로 블로거들이 적어 놓은 정보를 찾는 등 '책상 위에서 자료 구하기'에만 급급했다. 기저귀를 직접 온라인에서 팔아 봤어야 하지 않았을까? 그날의 실패를 통해 사업은 결국 몸으로 부딪혀 생생한 시장을 느껴야 한다는 것을 배웠다.

좌절과 오기

퇴사 기념으로 대학 시절 감명 깊게 읽었던 『태백산맥』의 무대로 기차 여행을 떠났다. 『태백산맥』은 나에게 큰 의미가 있는 책이다. 미국에서 학창 시절을 보내면서 미국 역사 수업은 의무로 들었는데 정작 우리나라 역사를 공부하지 못해 아쉬웠다. 그래서 주제 선택이 자유로운 대학 졸업 논문은 한국 역사에 관한 것을 쓰고 싶었다. 논문 주제를 '미군정시기의 정치'로 정하고 논문 자료를 찾다가 만난 책이 바로 『태백산맥』이다. 그런데 한창 논문을 쓰다가 애초 계획과는 달리, 책을 자료 삼아 '소설 태백산맥과 여순 사건'이란 주제로 논문을 쓰게 되었다. 새로운 시작을 앞두고 책에서만 보았던 여수, 순천, 벌교를 돌아보고 싶었다. 여수에 가니 마침 '2012 여수세계박람회(2012.5.12 ~ 2012.8.12)'를 앞두고 공사가 한창이었다. 개막이 얼마 남지 않았는데 여전히 여기저기 공사가 진행 중이었다. 다음 날 나는 향일암에서 아름다운 일출을 보며 아침을 맞이하고는 엑스포 부지를 천천히 돌아다녔다. 둘러보니 주차장에서 엑스포의 메인 광장까지, 또 메인 광장에서 오동도까지 거리가 멀어서 관람객들이 이동하기 힘들것 같았다. 그때 번뜩 '인력거가 다니면 근사하겠다!'라는 아이디어가 떠올랐다.

나는 머릿속에 그럴싸한 계획을 그렸다. '엑스포 주최 측에서 인력거를 사 주면 내가 일정한 용역비를 받고 운영해 주겠다고 제안하자. 그리고 행사가 끝나면 그 인력거를 도로 사서 사업을 시작하자.' 콩닥콩닥 심장이 뛰기 시작했다. 이게 바로 누이 좋고 매부 좋은 일 아닌가. 그럴듯한 그림이었다.

얼마 후 엑스포 상황을 제대로 파악하기 위해 다시 여수에 내려갔다. 이 계획 또한 제임스에게 얘기했더니 흥미로운 생각이라며 호응해 주었다. 우리는 신 나게 인력거 소개와 자료를 준비했다. 긴장된 마음으로 제안서를 들고 전시 기획 책임자를 찾아갔다.

"엑스포 동안 인력거를 운영해 보는 게 어떨까 해서 제안하러 왔습니다."

"인력거? 그게 뭐죠?"

인상이 좋아 보이던 담당자는 인력거라는 말에 황당하다는 표정을 지으면서도 호기심을 보였다. 나는 호기롭게 제안서를 보여주었다. 책임자는 대견하다는 듯 웃더니 정중하게 거절했다.

"최첨단 친환경 시설들이 들어올 거라서…… 기술적 진보를 보여

쥐야 하는 자리여서 말이죠."

"태양광 발전소 근처를 도는 전기 버스보다 제안서의 인력거가 낫지 않을까요?"

나는 이렇게 밀어붙였지만, 무엇보다 시간이 촉박해서 불가능하다고 했다. 하도 단호하고 정중하게 거절해서 더 이상의 설득은 무의미했다. 이렇게 여수까지 내려와 제안해 줘서 고맙다는 말을 듣고 엑스포 조직위 사무실을 나왔다.

먼저 지원했던 창업 교육 프로그램에 탈락해서 씁쓸했던 기분이 떠올라 더 허탈했다. 그래도 마냥 넋 놓고 기다릴 수만은 없었다. 이럴 때일수록 앞으로 나아가야 했다. 먼저 인력거 공장부터 둘러보고 와야겠다고 생각했다.

자전거 인력거는 주로 미국, 유럽, 중국에서 생산된다. 나는 가장 비용이 저렴하고 지리적으로 가까운 중국 제품을 써보기로 하고 인터넷에서 인력거 생산 공장들을 탐색했다. 그중에서 몇 군데를 골라 방문하기로 했다. 마침 중국에서 어린 시절을 보낸 중학교 때 친구 윤수가 한국에서 회사에 다니고 있었다. 윤수는 휴가를 내 같이 가 주겠다고 했다. 친구 좋다는 게 이런 건가, 천군만마를 얻은 기분이었다.

우리가 방문할 인력거 회사는 모두 저장성(浙江省)에 있었다. 그리하여 대학에서 현대 중국사와 중국 철학 수업 때 만났던 곳, 『아Q정전』의 저자이자 중국 근대화의 아버지인 루쉰의 고향 저장성에 가게 되었다. 중국 땅에 첫 발을 내딛으니 눈앞의 모든 게 신기하고 흥미로웠다. 저장성이 있는 동부 연안 지역은 공장들이 줄지어 들어서 있고 활기 넘쳐서 마치 중국 산업을 이끄는 듯했다. 우리의 목적지는 내가 방문할 3개의 인력거 공장이 모여 있었던 용캉(永康)이라는 소도시. 상하이에서 5시간 정도 기차를 타고, 또 버스를 타고 1시간을 더 가야 했다. 그렇게 멀리 있을 줄 몰랐다. 자기 일처럼 발 벗고 나서 준 친구가 함께하지 않았더라면 그런 곳을 찾기나 했을까?

첫 번째로 방문했던 공장은 간이 작업장 분위기로 작고 열악했다. 그런 분위기와는 달리 사장 부부의 얼굴에서는 열정이 느껴지고 무엇보다 진정성이 느껴졌다. 두 번째 공장은 인력거뿐 아니라 바퀴가 달린 모든 것을 만드는 곳이었다. 그곳에선 우스운 일도 있었다. 우리 앞에서 시범을 보이는데 체인이 쑥 빠져 버리는가 하면 인력거가 잘 달리지도 못했고, 영 시원찮아 보였다. 세 번째 공장은 먼저 방문한 두 곳과는 비교되지 않을 만큼 어마어마한 규모였다. 마치 축구장 3개를 붙여 놓은 듯한 넓은 광장에 인력거 50대가 있었다. 외관상으로는 가장 그럴듯해 보였다.

당장 거래처를 결정하지는 않았다. 그래도 '인력거를 이런 곳에서 이렇게 만들고 있구나.' 하는 일련의 과정을 내 눈으로 보고 나니, 얼른 시작하고 싶은 마음이 더 강해졌다. 사람들이 인력거를 타 보면 생각이 달라질 거라는 생각도 확고해 졌다.

여수엑스포 조직위원회에서 거절을 당하고 중국에 다녀온 3월 말. 나는 다시 정부에서 주관하는 창업 지원 사업에 응모했다. 그러나 나의 인력거 사업은 또 채택되지 않았다. 퍽이나 아쉬웠지만, 앞으로 닥쳐올 위기에 앞서 감정을 단련시키고 맷집을 키우는 과정이려니 했다. 지원 사업에 자꾸 미끄러져도 창업을 포기해야겠다는 생각은 전혀 들지 않았다. 오히려 계속 도전해야겠다는 오기만 더더욱 늘어났다.

길이 없으면 만들어 나가면 되지. 이제 고작 이십 대이고 잃을 것도 없는데 하고 싶은 일 다 해 보자, 하며 스스로 마음을 다독였다. 지원 사업에 맞추어 창업 시기를 정할 수는 없었다. 이미 봄이 오고 있었다. 그동안 모아둔 비상금과 퇴직금을 탈탈 털어 혼자 힘으로 밀고 나가기로 했다. 우선 인력거 두 대로 시작하기로 하고는 원룸 건물 반지하 방을 빌려 베이스캠프를 차렸다.

Just go,
have a fun

막상 혼자 시작하려니 외로웠다. 누군가와 함께 하고 싶었다. 그렇지만 한국에서 대학을 나오거나 유학을 다녀온 친구 중에서 나와 인력거 사업을 하겠다는 이는 단 한 명도 없었다. 처음 이야기를 꺼낼 때는 호기심을 보였지만, 나처럼 회사를 그만두고 하자고 적극적으로 권유하면 다들 슬금슬금 뒤로 물러났다. 비니가 떠올랐다. 회사를 나오기 전부터 인력거 일에 대해서는 비니와 여러 가지 이야기를 나누던 차였다. 비니도 나처럼 보스턴에서 인력거 일을 한 경험을 살려 다른 지역에서 인력거 회사를 운영해 보고 싶다고 말하곤 했다. 급히 비니에게 에스오에스(SOS)를 쳤다.

"서울에 봄도 오고 날씨도 좋아지고 있어. 얼른 와서 시작하자고!" 2012년 6월을 며칠 앞둔 어느 날, 나의 제안을 들은 지 2주 만에 비니는 신변 정리를 하고 한국에 들어왔다.

그가 주저 없이 한국으로 날아온 이유는 자신이 잘하고 즐거울 수 있는 일을 친구와 함께하고 싶어서였을 것이다. 그때 그의 아버지는 "It is your life. Just go, have a fun!"라고 말씀하시며 그를 응원해 주셨다고 한다. 비니 아버지의 말씀은 지금도 나의 가슴에 남아 있다. 한국에서 거의 모든 사람으로부터 "안 된다" "안될 거야" "하지 마라" 이런 말만 들어왔던 나에게 비니 아버지의 말씀은 엄청난 힘이 되었다.

친구도 왔겠다 본격적으로 차고지 겸 사무실을 찾아 나섰다. 우리의 흥미로운 모험이 본격적으로 시작된 것이다. 비니와 함께 종로구 일대를 돌아다니기 시작했다. 인력거를 운행할 장소를 사대문(조선 시대 서울에 있던 네 대문인 동쪽의 흥인지문, 서쪽의 돈의문, 남쪽의 숭례문, 북쪽의 숙정문을 이르는 말) 안으로 정해 두었기 때문에 차고도 그 안에 있는 게 좋겠다 싶었다.

먼저 종로 3가를 돌아다녀 보니 생각지도 못한 장벽과 마주쳤다. 임대료가 만만치 않았고 마음에 드는 공간도 찾기 어려웠다. 다음으로 종로 4가를 돌아보았다. 다행히 종로 4가는 청계천도 가깝고, 종로3가처럼 번화하지 않았고 접근성도 좋았다. 하지만 역시 임대료가 발목을 잡았다. 비니와 내가 모은 창업 자금은 대략 천만 원. 차고 임대료에 많은 돈을 지출할 수 없었다. 그런데 마음에 든다 싶으면 현실은 예산을 훌쩍 뛰어넘었으니, 선뜻 선택하기가 쉽지 않았다. 그렇게 며칠을 녹초가 되도록 차고를 보러 다니던 어느 날, 며칠 전 보고 온 원남동 차고 주인 할아버지한테서 전화가 왔다. 할아버지는 다짜고짜 말씀하셨다.

"다른 사람들도 보고 갔는데, 자네들이 들어왔으면 좋겠는데?"

"네, 할아버지. 조금 더 알아보고 결정하려고요."

왠지 할아버지의 말투가 정겹게 들렸다. 통화를 마치고 얼마 전 보았던 차고를 다시 떠올렸다. 생각해 보니 위치와 크기도 괜찮고, 잘 꾸미면 차고 겸 주거지로도 적당할 것 같았다. 단점도 있었다. 다른 곳보다는 조금 쌌지만 애초 우리 예산에는 웃돌았다. 그렇게 저렴하지 않았고, 무엇보다 창문이 하나도 없어서 환풍이 잘 안 될 듯 했고 차고로 하려면 손을 좀 봐야 할 공간이었다.

그러나 할아버지의 다정한 권유의 말을 듣고 비니도 어쩐지 느낌이 좋다고 하니 그런 건 큰 문세가 되지 않았다. 그나마 내부는 우리가 손보면 되지 않을까 싶었다. 당장 할아버지와 계약을 했다. 엉겁결에 우리는 종묘 담벼락 옆 원남동에 월세 70만 원 짜리의 차고를 얻어 첫 사업을 시작하게 되었다.

인력거의 운행 코스와 스토리텔링

차고가 정해지자 인력거 운행 구역을 구체적으로 그려 보았다. 앞서 인력거 운행 코스를 사대문 안으로 정한 이유는 역사적 의미를 지닌 서울의 중심부에서 하고 싶었기 때문이다. 볼거리도 풍부하다. 보스턴에서 경험했던 바, 인력거는 친환경 이동 수단이자 훌륭한 관광 상품이 될 만하다는 확신이 들었다. 나는 어릴 때부터 지도 보기를 좋아했다. 지도를 딱 펼쳐보면 서울 시내는 요새처럼 산으로 둘러싸여 있다. 조선은 북한산, 인왕산, 낙산, 남산을 연결해 사대문과 성곽을 쌓았다. 적의 침입으로부터 수도를 막기 위해 천연의 요새를 만든 셈이다. 지금은 서울이 넓혀졌지만, 예전에는 그 사대문과 성곽 안쪽만을 서울이라고 불렀다. 인사동 태화빌딩 안에는 '이곳이 서울의 중심이다'는 표석이 있는데, 조선 말기 대한 제국 때 국민들의 애국심을 고취하기 위해 세웠다고 전해진다.

이렇게 역사적으로 의미 있는 곳에서 이야기를 담아 인력거를 운행하고 싶었다. 사대문 안으로 인력거 코스를 정한 다음에는 그 안 곳곳에 담긴 이야깃거리를 만들어야 했다. 어떻게 하면 손님들에게 역사적인 사실과 사소한 이야기들을 버무려 재미있게 전할 수 있을까? 본격적으로 세세한 계획에 들어가니 보스턴 패디캡에서의 경험들이 하나둘 떠올랐다. 그때 나는 동료들처럼 자연스러운 이야기가 나오지 않았다. 나는 그다지 유머 감각도 없고 입담도 없어서 동료들을 관찰하면서 따라 해 보기도 했다. 그렇지만 자연스럽지 않았다.

그러다 우연히 보스턴 걷기 가이드를 발견하고 따라다니면서 나만의 전략을 찾아냈다. 내 전공을 살려 보스턴의 역사를 이야기로 구성해 보기로 한 것이다. 우리도 그렇지 않은가. 서울에 살면서도 서울의 역사는 잘 모르고 우리가 사는 동네가 어떻게 생겨났는지 잘 모르지 않나. 손님들에게 보스턴의 역사를 들려주니 기대보다 훨씬 호응이 컸다.

그때 일이 떠올라 서울에서 인력거 일을 시작하고는 틈날 때마다 도서관에 가서 서울 사대문 안의 역사를 공부했다. 그렇지만 지금도 변함없는 생각이 있다. 라이더들이 들려주는 역사 이야기는 기본 사항일 뿐이다. 라이더는 자신만의 이야기보따리를 가지고 있어야 한다. 인력거 안에서는 역사 이야기가 먼저가 아니다.

중요한 건 '손님과의 소통'이다. 역사 이야기가 의미는 있지만,

모든 손님이 역사 이야기를 듣고 싶어하는 건 아니다. 살아가는 이야기나 영화나 책에서 툭 튀어나온 이야기, 또 인력거를 몰고 가는 골목골목마다 숨어있는 소소한 이야기도 있다. 한옥 기와에 삐죽 나와 있는 풀도 제 나름의 이야기가 있고 길바닥에도 이야기가 있다. 인력거를 끄는 동안 라이더는 그곳을 무대삼아 자신의 이야기 보따리를 풀어 놓아야 한다.

　손님의 이야기를 가만히 듣는 것도 소통의 한 예라고 생각한다. 인력거를 타면 손님들은 스마트폰을 놓고 스치는 풍경을 음미한다. 천천히. 굳이 말이 껴들 필요가 없을 때도 있다. '더 빨라져라'는 닦달이 끊이지 않는 우리 사회에서 느림이 주는 여유, 그게 바로 인력거에 탄 맛이니까.

인력거가
맺어 준 인연

우리 곁엔 고마운 사람들이 있었다.
인력거가 중매를 서 주어서
우리는 많은 사람과 좋은 인연을 맺을 수 있었다.
사람들은 웃지만 웃는 게 아닌 우리의 불안한 마음을 자주 씻어 내 주었다.

시간이 멈춘
동네에서
첫걸음을 내딛다

인력거 차고가 있는 원남동은 처음부터 나에게 뭔가 특별하게 다가왔다. 종로4가에서 차고로 들어가는 골목을 걷노라면 흡사 타임머신을 타고 수십 년 전으로 돌아간 듯한 정경이 펼쳐진다. 서울에 아직도 이런 곳이 있다니! (그 후 강북 곳곳을 다니며 '아직도 이런 곳'이 매우 많음을 알게 되었다.) 흡사 시간이 70, 80년대에서 멈춰버린 곳 같았다. 강남 아파트 촌에서만 자란 나는 차고를 구하러 다니면서 난생처음 이곳을 알게 되었다. 서울 한복판에 이런 동네가 있다는 게 놀라웠다. 오래된 건물에 작은 가게들이 다닥다닥 붙어있어서 흑백의 〈대한늬우스〉 자료 화면에서나 본 듯한 옛 정취를 품고 있었다. 창경궁의 남쪽이라 하여 이름 붙여진 원남동에는 조명이나 금속공예 가게뿐 아니라 조명을 만들거나 보석을 가공하는 공장과 대형 전선 케이블 창고가 많았다. 작은 동네인데도 도심 속의 산업 시설이 있는 이 신기한 곳에서, 나는 매일 낯선 풍경들과 마주쳤다. 그 안에는 내 또래 혹은 나보다 어려 보이는 친구들이 매일 스쿠터를 타고 다니며 짐을 옮기거나 공장 일을 하는 모습이 흔했다. 그동안 접해 보지 못했던 내 또래들의 다양한 현실을 만나는, 그야말로 삶의 현장이었다. 원남동 할아버지는 우리와 이야기 나누는 걸 무척 좋아하셨다.

"종로길이 광화문에서 시작돼서 2, 3가까지만 사무실 건물이야."

"그러면 그 나머지는요?"

"그 나머지는 정말로 다양한 시장들이 있지. 예로부터 그 길 따라 사람들이 먹고살았으니까. 세운상가, 광장시장, 중부시장, 방산시장, 동묘 앞 풍물시장, 과일 시장, 한약재, 동대문 옷 시장, 그렇게 쭉 청량리 시장까지 이어진다니까."

"우와! 정말 그렇네요. 시장이 이렇게 많은 줄 몰랐어요."

"예전에는 농사짓고, 장사하고 그거밖에 더 있나. 특히 서울은 장사가 중심이었지."

"그러네요."

"지금은 강남 강남 하지만, 강남 사람들이 뭘 알아. 대형 마트에서 물건만 살 줄 알지, 물건이 어떻게 만들어지고 팔리는지 알기나 해? 여기 사람들은 강남 사람들 보면 바보라 그래."

할아버지와 이야기를 나누며 내가 그동안 너무 안이하게 살아왔구나, 한쪽으로 치우친 삶을 살았구나 하는 생각이 들었다. 할아버지는 의자랑 별 세 개 달린 오래된 삼성 냉장고, 엄청나게 큰 선풍기도 얻어다 주셨다. 비니는 조금이라도 비용을 아끼기 위해 그동안 머물던 반지하 원룸을 나와 원남동 차고에서 지내겠다고 했다. 친구가 차고에서 고생하는데 나만 집에서 편히 있을 순 없었다.

2012년 6월, 인력거 2대를 주문해놓고는 차고 한 편을 사람이 살 수 있는 공간으로 만드는 작업을 시작했다. 돈을 아끼려고 공사를 직접 하느라 적잖이 애를 먹었다. 방산시장에서 사온 장판을 깔고 콘크리트 바닥에 샤워장도 만들었다. 바닥에서 찬 기운이 올라와 3단 매트리스를 깔고, 초여름인데도 모기가 들끓어 모기장을 설치했다.

"와우! 비니, 이제 제법 살 만해 보이는데?"

"그러게. 이제 인력거만 있으면 돼."

우리만의 그럴듯한 사업 공간을 마련하니 가슴이 벅차올랐다. 벌써 차고 안에 인력거가 들어찬 듯, 마음이 둥실둥실 부풀었다. 이제 중국에서 인력거만 도착하면 완벽한 시작이다!

첫 인력거 오다

우리가 인력거를 주문한 공장은 친구 윤수와 중국에서 인력거 생산 업체를 돌았을 때 염두에 뒀던 곳이다. 돌아본 세 군데 공장 중에서 겉모양은 가장 후줄근했지만 젊은 사장 부부의 열정이 아름답게 느껴졌다. 그 당시 엄청난 규모를 자랑했던 공장은 문을 닫았다. 반면, 우리와 거래하는 부부의 공장은 전 세계에 인력거를 팔며 매년 성장해나가고 있다. 문제는 그들이 시간 약속을 지키지 않는다는 점이다. 첫 인력거를 주문하고 나서 입고 예정일이 지났는데도 감감무소식이어서 내 속을 까맣게 태웠다. 모든 걸 정리하고 미국에서 달려온 비니는 더욱 답답해했다. 인력거가 있어야 인력거 운행을 시작할 텐데, 막연히 기다려야 하는 시간이 지루하기만 했다. 주문할 때 3주 안에 보내주겠다던 인력거가 무려 7주가 지나서야 도착했다는 서류를 받았다. 도착 후에는 인천세관에서 난관에 부딪혔다. 단지 처음 보는 물건이라는 이유였다. 관세사부터 세관 직원까지 하나같이 못 보던 물건이라 딴죽을 걸었다. 탈세한 것도 아니고 미사일을 들여온 것도 아닌데 말이다. 옥신각신 끝에 사유서를 쓰고 나서 겨우 통관시켜 주었다. 별로 중요해 보이지 않는 일로 핏대를 세우니 피로감이 엄습했다. 그렇지만 이는 앞으로 우리가 맞닥뜨릴 장벽에 비하면 빙산의 일각에 불과했다.

당시에는 처음 인력거를 사는 것이라 뭘 몰라서 물류 대행업체를 중국 업체가 정한 곳으로 했다. 인력거를 가지러 인천항으로 가는 트럭 안에서 서류를 확인해 보니 금액이 처음 문서와 달랐다. 당장 중국 물류 대행업체에 전화를 걸었다.

"확인해 보니 금액이 우리가 계약한 것과 달라요. 어떻게 된 거죠?"

"저는 잘 모르겠는데요. 다른 부서와 연결해 드리겠습니다."

잠시 후 국제전화가 "뚜 뚜" 소리를 내면서 끊겼다. 분노한 비니와 나는 다시 전화를 걸었다.

"당신들이 보낸 서류에 문제가 있어요. 당장 금액을 확인해 주세요."

"우리는 문제가 없어요. 다시 한번 확인해 보세요."

"당신들 지금 사기 치는 거야?"

내가 너무 흥분해서 소리를 지르자, 저쪽에서 전화기 너머로 움찔하는 분위기가 느껴졌다.

"지난번 보내준 문서보다 4만 원이나 더 비싸다고! 늦게 온 것도 화나고 신뢰가 떨어지는데 거기다 가격 장난까지 쳐!"

그제야 담당자는 한 발짝 뒤로 물러섰다.

"죄송합니다. 제가 확인해 보고 다시 연락드리겠습니다."

물류 대행업체 직원은 다시 전화를 걸어와 사과하며 돈을 돌려주겠다고 했다. 인천으로 가는 내내 장대비는 쏟아지지 차는 막히지, 시작부터 좋지 않은 예감이 엄습해왔다. 그렇게 우여곡절 끝에 만난 인력거는 커다란 나무 상자에 포장돼 있었다. 인력거가 언제 오느냐고 나를 재촉하던 비니에게도 미안한 마음을 덜 수 있어서 후련하고 시원했다. 이제 고생 끝인가 싶었다.

그런데 집에 도착해서 인력거를 꺼내려는데 또 하나의 복병이 기다리고 있었다. 포장된 인력서는 우리 둘이서 도저히 꺼낼 수 없을 만큼 무거웠다. 결국, 주인 할아버지까지 합세해 셋이 비를 쫄딱 맞아가며 겨우 인력거를 트럭에서 꺼냈다.

일은 거기서 끝나지 않았다. 질이 좋지 않은 나무와 쇠틀을 어찌나 덕지덕지 붙여놓았던지, 인력거를 감싸고 있던 포장재가 아무리 해도 벗겨지지 않았다. 급기야 할아버지께서 집에 있는 모든 공구를 꺼내오셨다. 비니와 할아버지 그리고 나는 장대비를 맞으며 작업을 시작했다. 망치로 상자를 쳐서 부수고 쇠를 꺾어내고……

4~5시간쯤 흘렀을까. 세 사람은 온몸이 비와 땀으로 뒤범벅이 되었고, 그제야 인력거가 제 모습을 드러내기 시작했다. 인력거 포장

벗기기가 이렇게 힘들 줄이야, 누구도 예상하지 못한 일이었다. 그래도 인력거를 보니 그렇게 좋을 수가 없었다. 주인 할머니께서 김이 펄펄 나는 국수를 끓여오셨다.

"다들 그놈의 인력거 때문에 고생이 많네. 꼭 잘 될 거야."

가루가 풀풀 날리는 차고에서 먹었던 그날의 국수는 평생 잊을 수 없을 거다. 그렇게 정신없는 하루를 보내고 나는 깊은 잠에 빠졌다. 얼마나 지났는지 달그락거리는 소리에 깨어 보니, 비니가 희미한 불빛 아래서 인력거에 선을 연결하고 있었다.

"안 자고 뭐 해?"

"불이 잘 켜지는지 확인해 보고 있어. 불 잘 들어와."

비니가 얼마나 인력거를 기다려 왔는지 잘 알기에 가슴이 뜨끔했다. 비니와 나에게 그날은 평생 잊지 못할 하루이다. 내 인생에서 몇 손가락에 꼽을 만큼 힘든 날이었을뿐 아니라 소중한 날이기도 했으니.

한편, 미국에서 최고급 인력거만 봐 오던 비니는 중국에서 온 인력거가 마음에 들지 않는 눈치였다. 무엇보다 안전이 중요한지라 인력거를 조금 더 보완하여 운행에 나서기로 했다. 완벽주의자인 비니는 안전을 위해 핸들 지지대를 만들자고 했다.

핸들 지지대를 만들 알맞은 쇠를 구하기는 생각보다 쉽지 않았다. 겨우 쇠를 구하고 나니 다음은 고난도의 작업이 기다리고 있었다. 쇠를 다루는 일은 우리 둘 다 처음이었다. 쇠를 잘라서 꺾어 부스터로 옆에서 불로 지지고 있으면, 그때 연속해서 망치로 쳐 줘야 하는 작업이었다. 까딱 잘못하면 손가락을 다칠 수 있는 위험한 일이기도 했다.(달궈진 쇠망치를 내리치면 아스팔트도 깨질 정도다.) 망치로 빨갛게 달구어진 쇠를 두드리고 있노라면 마치 우리가 대장장이가 된 기분이었다. 우린 할아버지가 가져온 레일 조각(서울역에 있었다는)을 받침대 삼아 안전하게 작업을 마무리했다. 그렇게 일주일 정도 걸려 작업한 핸들 지지대에 라카칠까지 해서 멋지게 완성했다.

약 2주간의 힘든 작업을 마치고 한숨 돌리려 하자 뭔가 빠뜨린 게 떠올랐다. 앗, 유니폼! 우리는 서둘러 유니폼을 기획했다. 고맙게도 윤수(중국 인력거 업체 탐방 길에 동행해 주었던 친구)의 여자 친구 민선이가 디자인해 주겠다고 했다. 비니와 나는 우리가 다녔던 고등학교의 마스코트인 펭귄을 넣어 달라고 주문했다. 이래저래 친구 덕을 톡톡히 보았다.

드디어 2012년 7월 21일, 우리는 펭귄이 그려진 유니폼을 입고 첫 운행을 시작했다. 서울 한복판에서 'Penguin Run to You'라는 이름을 달고서.

정(情)으로 채워진 곳,
그 안의 사람들

2012년 한여름, 인력거가 도착하고 난 뒤 우리 차고는 원남동의 관심거리가 되었다. 시간이 멈춘 동네 원남동에 새로운 물건과 초록색 눈의 외국인이 들어와 살기 시작했으니 신기할 법도 했다. 뭐가 그리 궁금했던지 하루에도 몇 번씩 지나가는 사람마다 "여기는 뭐하는 데에요?" 하고 빼꼼히 들여다보았는데, 처음엔 그분들이 편치 않았다. '사람들 참 오지랖이 넓구나.' 하는 생각도 들었다. 한국에선 아파트에서만 살았던 나는 이웃들의 그런 모습이 불편했고 때론 참견으로 느껴졌다. 그게 바로 정을 나누는 방법이라고 깨닫게 되기까지는 그리 오래 걸리지 않았다. 하루는 집주인 할아버지와 비슷한 연배로 보이는 어르신께서 차고에 놀러 오셨다. 야구 모자를 쓴 할아버지는 우리를 보고는 손주 대하듯 다정하게 말을 건네셨다. 할아버지의 별명은 '쟈니', 그 후 우리에게 할아버지는 '쟈니 삼촌'이 되었다. 쟈니 삼촌은 한국전쟁 시기에 태어난 고아로 미군 부대에서 자랐고, 그때 쟈니라는 이름을 얻으셨다고 한다. 그래서인지 비니와 간단한 얘기는 영어로 주고받으셨다.

전쟁이 끝나 쟈니 삼촌을 돌봐주던 미군들이 떠나고 혼자가 되었다고 하셨다. 그 후 삼촌이 홀로 격동의 한국사 50년을 어떻게 보내셨는지 자세히 알 길은 없지만(이따금 정신이 온전해 보이지 않았다.), 표정 하나하나에서 산전수전 다 겪은 베테랑의 기운이 느껴졌다. 구청에서 일했던 집주인 할아버지의 도움으로 주민등록도 새로 하시고 기초 생활 수급도 받는다고 하셨다. 그런 처지였지만 원남동에 새로 이사 온 청년들에게 아이스크림을 사주시며, 언제든 도움이 필요하면 불러달라고 전화번호도 주셨다.

원남동에는 쟈니 삼촌 같은 분이 여럿 있었나. 인력거 차고 건너편의 '동부전원엔지니어링'과 그 옆 '샤인조명' 아저씨들은 기계를 만지는 데 서툴렀던 우리에게 구세주 같은 분들이었다. 할아버지 댁, 동부, 샤인 이 세 곳을 뒤져 안 나오는 공구가 없었고 해결되지 않는 일이 없었다. 인력거가 고장 나면 차고 앞 15m 남짓한 짧은 도로에 예닐곱 명의 성인 남자들이 모여 '저걸 어떻게 고칠까' 궁리하고, 이리저리 손보다 뭔가 잘 굴러가기 시작하면 모두 일어나 환호성을 질렀다. 그야말로 진풍경이었다.

원남동 골목길은 삶의 터전인 동시에 웃음이 절로 나는 곳이었다. 한번은 비니가 한국어학당에서 '사장'이란 단어를 배우고 오는 길이었다. 새로 배운 단어를 실생활에서 써보고 싶었던 비니가 길거리에서 샤인조명 사장님을 발견하고는 특유의 억양으로 인사했다.

"사장……, 샤인 사장……"

"하이 비니, 오케이!"

샤인 사장님도 유머로 화답해 주셨다. 그 모습에 나뿐 아니라 주위 사람 모두 배를 잡고 웃었다. 우리는 동부엔지니어링 아저씨들의 소개로 3천5백 원짜리 백반을 먹을 수 있는 '굿모닝 식당'에서 끼니도 해결할 수 있었다.(따뜻한 밥을 몇 번이고 리필해 먹을 수 있는 고마운 식당이다.)

원남동의 추억은 그뿐만이 아니다. 일을 시작한 지 얼마 되지 않은 시점인 여름, 날은 습하고 무지 더웠으며 인력거는 기대만큼 호응이 없었다. 비니는 술로 나는 잠으로 스트레스를 해소하곤 했는데 몸과 마음이 지쳐있던 우리에게 그리 좋은 방법은 아니었다.

어느 날, 비니와 나는 원남동 사거리를 거닐다 차고에서 바로 3분 거리에 원불교 교당을 발견했다. 비니나 나나 마음의 위안이 필요했다. '혹시나 명상을 배울 수 있지 않을까?' 하는 생각에 교당에 나가보기로 했다.

기대와 달리 일요일 법회 시간에 명상 시간은 따로 없었다. 그러나 실망은 아주 잠깐. 우리에게 또 다른 선물이 기다리고 있었다. 법회가 끝나니 교인들이 점심 먹고 가라며 다정하게 우리 손을 이끄는 게 아닌가! 그렇지 않아도 일요일은 굿모닝 식당이 쉬는 날이어서 막막했는데, 교인들은 매주 점심 먹으러 법회에 오는 일당을 따뜻하게 맞아주었다. 일요일의 인력거 운행은 이렇게 원불교 원남 교당에서 정신적·육체적 에너지를 충전 받아 나갈 수 있었다.

그렇게 힘들고 지칠 때마다 우리 곁의 이웃들이 있어서 기운 차리고 다시 나아갈 수 있었다. 마주칠 때마다 따뜻하게 손잡아 주던 분들이 있었기에 원남동에서의 시간은 평생 잊지 못할 것 같다.

잃은 것과 얻은 것

2012년 여름은 유난히 무더웠다. 그 무더위에 석 달 동안이나 차고에서 지내면서 비 오는 날만 빼고 매일 둘이서 인력거를 끌었다. 그렇지만 현실은 호락호락하지 않았다. 우리는 사람들과 눈을 마주칠 때마다 "안녕하세요!" 웃으며 말을 건넸지만, 사람들은 우리를 신기하게 바라보기만 하고 선뜻 다가오지 않았다.

'저 큼지막한 세발자전거가 도대체 뭐하는 물건이야?' '길거리 퍼포먼스라도 하는 걸까?'

그렇게 의아해 하는 사람들과 알아서 타 주기 바라는 나 사이에 엄청난 괴리가 있었다. 일단은 사람들을 태워보고 싶은 마음에 '무료'를 강조하며 홍보하는 날들이 이어졌다. 그렇지만 하루 10시간 동안 5명의 손님, 심지어 그마저도 없는 나날이 이어졌다. 나도 대중없이 여기저기 다니면서 시간을 보냈다.

충분히 준비했다고 생각했는데도 전혀 예상치 못했던 문제에 맞닥뜨릴 때가 한두 번이 아니었다. 요금 문제를 대표적인 예로 들어 보자. 처음에는 어떻게 요금을 받아야 할지 몰라서 보스턴 페디캡처럼 명목상 '팁' 제도를 따랐다.

그랬더니 대부분 손님들은 알아서 돈을 건네기가 어색해서인지 커피나 먹을 걸로 팁을 대신했다. 사실상 우리의 정서 문화로는 팁제는 먹히기 어려웠다.

막상 일을 시작하고 보니 '이 일로 돈을 벌긴 쉽지 않겠구나!' 하는 약간의 불안감이 들기 시작했다. 미국 친구까지 불러들였는데 하루하루 불안은 더해갔다. 게다가 우리가 살았던 차고 환경이 얼마나 엉망이었던지, 몸과 마음이 지쳐 있던 우리에게 편히 쉴 짬을 주지 않았다. 차고에는 습기가 많아서 자고 일어나도 개운하지가 않았다. 엎친 데 덮친 격으로 매일 밤 모기와 그 외 수십 마리의 벌레들과 사투를 벌이고 나서야 잠을 잘 수 있었다.

만약 그런 상황만 계속됐다면 나는 지금까지 이 일을 끌어오지 못했을 거다. 우리 곁엔 고마운 사람들이 있었다. 인력거가 중매를 서 주어서 많은 사람과 좋은 인연을 맺을 수 있었다. 사람들은 웃지만 웃는 게 아닌 우리의 불안한 마음을 자주 씻어 내 주었다. 그럴 때마다 비록 주머니는 텅 비었지만 마음은 두둑하게 불러왔다. 작가, 시인, 아줌마, 학생 등 다양한 이들의 번호가 휴대 전화 연락처에 쏙쏙 저장되었다. 그들에게서 한 번 두 번 연락이 오기 시작

했다. 사람들과의 소소한 추억들이 쌓이고 쌓이면서 우리는 새삼
용기와 확신을 얻었다.

　그중에서도 유난히 특별한 인연이 있다. 북촌의 유명한 밥집인
'마나님 레시피'를 운영하는 마나님(우리가 부르는 호칭)이다. 마나님
레시피의 자연식 메뉴와 수제 치즈는 널리 알려져서 주말이면 줄을
서야 밥을 먹을 수 있을 정도다. 마나님은 예의에 철저한 분이시
다. 여느 식당과는 달리, 무례하거나 마치 손님은 왕이라는 듯 행
동하는 사람들에게까지 호의를 베풀진 않는다. 그렇지만 우리에겐
늘 따뜻한 정을 베푸는 정신적 지주다.

　마나님과의 첫 만남은 인력거를 시작하고 몇 주 되지 않았을 즈
음으로 거슬러 올라간다. 내가 인력거를 타고 북촌을 어슬렁거리
며 돌아다니는데, 마나님이 손짓하며 말을 건네셨다.

　"이거 뭐에요?"

　"같이 타고 돌아다니면서 여행하고 그런 거에요."

　말씀드리기가 무섭게 앞집의 돌이 안 된 아기 보리와 보리 어머
니와 함께 인력거를 타셨다. 그 뒤에 한 번 더 타시더니 언제든 물
이 필요하면 떠가고 화장실도 자유롭게 쓰라고 하셨다. 물과 화장
실, 어떻게 아셨을까? 길거리가 일터인 우리에겐 가장 절실한 문제
였다. 그런 상황에서 정거장처럼 들릴 수 있는 곳이 생겨서 얼마나
힘이 되었는지 모른다. 그뿐만 아니라 마나님은 틈만 나면 우리를
식사 동지로 불러주셨다. 그렇지 않아도 늘 배고픈 청춘이었던 비

니와 나는 뻔질나게 마나님 레시피에 드나들었다. 비니와 나뿐만 아니다. 이후 하나둘 늘어난 인력거 친구들에게도 밥을 챙겨 주셨다. 마치 아들 친구들처럼. 그 고마움을 어찌 말로 다 표현할 수 있을까.

마나님은 북촌 일대에서 오랫동안 둥지를 틀고 계셨기 때문에 동네 안팎으로 아는 분이 많았다. 동네 분들은 물론이고 때로는 여러 예술·문화계 손님들을 소개해 주기도 하고, 때론 당신 돈을 들여 가게에 온 손님들을 인력거에 태워 주기도 하셨다. 마치 자기 일인 듯 말이다. 마나님의 보호막이 있다는 건 길거리 소상인 입장에서 마치 든든한 백을 가진 것만 같았다. 알에서 막 부화한 애벌레를 천적들로부터 지켜주듯, 그 보호막 아래서 인력거 일은 조금씩 자리를 잡을 수 있었다.

마나님은 내가 인력거 일을 시작하고 나서 만났던 사람들과는 다른 점이 있었다. 그동안 주위 사람들에게서 지겹도록 들었던 질문을 단 한 번도 하지 않았다. "왜 유학까지 하고 와서 인력거 일을 하나요?" 같은 질문 말이다. 그건 아마 내 선택과 나를 있는 그대로 받아들여 주시기 때문일 거라 믿는다.

사실 유학 생활을 하면서 빠듯한 살림에 유학 자금을 보내는 부모님께 늘 마음의 빚이 있었다. 그래서 홀로 미국이라는 낯선 공간에 놓인 순간부터 모든 일을 스스로 해결하려고 노력했다. 어떤 어른에게도 의지하려고 한 적이 없었다. 누군가에게 의지하면 나약

해질 것 같았기 때문이다. 내가 좋아하는 책 『월든(Walden)』에 나오는 말 '기성세대를 믿지 마라, 다 거짓이다.'라는 부분을 자주 떠올렸을 정도였다. 그랬던 내가 한국에 와서 인력거 일을 하면서 마나님께 자연스럽게 의지했다. 마나님은 내가 처음으로 의지하고 싶은 정신적 멘토가 되었다.

인터뷰 때 참 많이들 묻는다.

" 왜 북촌에서 하게 됐어요? 북촌이 뭐가 끌렸어요?"

'흠, 그러게 어떡하다 여기서 이렇게 하게 됐지?' 곰곰 생각해보면 마나님 생각밖에 안 난다.

3

일과 우정

하고 싶은 일을 했을 뿐인데 여러 사람을 만나면서
우리가 하는 일의 사회적·생태적 가치를 깨닫게 되었다.
그건 더 열심히 일할 수 있는 원동력이 되었고
지속성에 대한 희망을 주었다.

파트너를 찾아서

　　인력거 일을 시작하고부터는 새삼 '사람'이 소중하게 느껴진다. 특히 친구에 대한 생각은 꼬리에 꼬리를 물고 이어진다. 학창 시절 내게 비니라는 친구가 없었더라면 유학 생활을 지속할 수 있었을까? 인력거를 만날 수 있었을까? 서울 한복판에서 사람들과 유유자적 소통하는 즐거움을 맛볼 수 있었을까? 외롭고 지칠 때마다 오뚝이처럼 벌떡 일어날 수 있었을까? 인력거 일을 처음 시작할 때 비니만큼이나 내 곁을 든든히 지켜준 친구가 있다. 그의 이름은 이재훈.(바로 앞에서 나온 '제임스'이다.) 그와의 만남은 중학교 시절로 거슬러 올라간다. 1학년 2학기 때 캐나다에서 전학생이 한 명 왔다. 그는 내 바로 뒤에 앉았다. 말수가 적은 제임스는 나와는 성격이 영 다른 듯했는데, 알고 보니 초등학교 때 같은 반이었던 적도 있었다.

그를 다시 만난 건 중학교 3학년 때 다시 같은 반이 되면서였다. 하지만 이때도 우리는 별로 친해질 기회가 없었다. 내가 3학년 1학기를 마치고 유학을 떠났기 때문인데, 그도 이듬해 내가 있는 지역에서 멀지 않은 곳으로 유학을 오게 되었다는 소식을 들었다.

유학생들은 안 그런척해도 외로움을 많이 탄다. 한국을 떠나 새로운 환경에 부딪히다 보니, 같은 동네 출신이나 비슷한 배경의 친구에게 동질감을 느끼고 친숙해지는 계기도 된다. 제임스와 나는 처한 상황이 비슷해서 서로 공감하는 부분이 많았다. 우리는 당시 미국 학생들 사이에서 한창 유행이었던 판타지 야구게임(가상의 리그를 만들어 선수들을 자기 팀에 뽑아 그들의 기록으로 다른 팀들과 승부를 가르는 게임)을 하면서 무척 친해졌는데 죽이 잘 맞았다. 그러면서 유학 생활의 외로움도 달랬다.

인력거 일을 시작하고 비니가 동참한 후에도 한국인 동료가 한 명 더 있었으면 좋겠다는 생각이 늘 있었다. 제임스는 나의 인력거 아이디어를 긍정적으로 봐주고 심각하게 동참을 고려했던 첫 한국인 친구다. 그는 직장에 다니면서 여수 엑스포에 낼 제안서를 준비할 때부터 열심히 내 일을 도와주었다. 직접 인력거를 몰면서부터는 나만큼이나 좋아하고 즐겼다. 무엇보다 직장 생활에 그다지 열정이 없다고 말해 오던 터였다. 절호의 시기라고 생각하고는 제임스에게 제안했다.

"같은 배를 타 보자! 아예 나와 함께 사업을 해 보는 거야."

"회사를 그만두고? 글쎄……."

"잘 되건 안 되건 아직 젊잖아, 재미있을 거야. 한번 해보자."

제임스는 생각할 시간이 필요하다고 했다. 그러고는 일주일 후 답을 주었다.

"미안해. 입사한 지도 얼마 안 되고, 퇴사를 하고 완전히 합류하기는 어려워. 하지만 퇴근 후나 주말에 인력거 일은 계속 할게."

나의 논리와 비전 제시가 약했던 걸까? 회사를 그만두면서까지 할 정도의 일은 아니라고 생각했던 걸까? 별별 생각이 다 들었다. 야속하기까지 했다. 제임스가 합류하면 비니와 나, 이렇게 셋이 환상적인 조화를 이룰 것 같았는데, 비니는 점점 지쳐가고 있었고 제임스는 완전히 합류할 수 없다고 하니 외로움이 밀려왔다.

그때만 해도 내 주변에는 이른바 스펙 좋은 친구들이 대부분이었다. '나는 왜 공부를 좀 덜 한 친구가 없을까, 그렇다면 이런 일에 부담 없이 참여할 텐데……' 어이없게도 이렇게 주변을 탓하는 생각도 했다. 그러면서도 내 좁은 테두리에서 벗어나 누군가를 찾으려는 용기는 내지 못했다.

처음으로
되돌아갈 순 없다

의기투합하자는 제안을 거절당하고 의기소침해 있던 나와 달리, 제임스는 전과 다름없이 나를 물심양면으로 도와주었다. 비록 전적으로 '아띠인럭거호'에 합류하지 못했지만, 되근 후 틈틈이 나의 파트너 역할을 충실히 해 주었다. 더군다나 주말마다 인력거를 몰고 다니는 등 여러모로 든든한 지원군이었다. 만약 내 곁에 그가 없었더라면 공모전이니 뭐니 엄두도 못 냈을 거다. 문제는 비니였다. 갈수록 비니는 한국 생활을 힘겨워했다. 뭐 하나 스스로할 수 없는 환경이 독립적인 성향의 그를 더욱 힘들게 했다. 일단 언어가 통하지 않으니 어떤 일을 해도 통역이 필요했는데, 그의 통역사 역할을 했던 나도 힘들긴 마찬가지였고. 수입이 거의 없다시피 하니 먹는 것도 햄버거나 저렴한 백반으로 때우기 일쑤였다. 한달이 지나고 두 달이 지나고, 이제 좀 나아지나 싶었던 차에 비니에게 예기치 못한 일이 생겼다. 그동안 비니는 연세대 한국어학당에 다니면서 원어민 영어 강사가 되어 정식으로 체류하려는 계획을 세웠다. 그런데 개인적으로 취업 비자를 얻는 데 문제가 있어서 미국으로 돌아가야 했다. 일본이나 대만 같은 가까운 나라에 갔다 오면 여행 비자가 연기되어 3개월 더 한국에서 지낼 수 있었으나, 비니는 그 비용을 들이느니 일단 미국으로 돌아가 지친 심신을 좀 다스리고 돌아오겠다고 했다.

어쩌면 제대로 준비도 안 된 상태에서 외국인 친구와 창업하려 했던 것 자체가 무리였을 지도 모르겠다. 같은 목표를 가지고 창업을 했지만 우리는 사소한 문제에 대립하기도 했다. 회사 이름을 정하는 것부터 타이어 튜브 사는 것까지 하나하나 의견이 달라서 결정 과정이 쉽지 않았다.

창업 아이템이 생소하다보니 이것저것 부딪히는 일도 한 두 가지가 아니었다. 인력거에 관한 한 나보다 훨씬 더 경험이 풍부했던 비니였지만 현지 사정에 어둡고 언어가 통하지 않아 구청에 갔다가 경찰서에 갔다가, 상황적으로 이 모든 일을 나 혼자 다 해야 했다. 비니에게 그걸 설명하고 이해시켜야 하고…… 나로선 이중 고역이었다.

그렇게 하루하루 지날수록 둘 사이에 이런저런 문제가 겹겹이 쌓여갔다. 독립심 강한 그가 얼마나 힘들었을지 알면서도 당시엔 나도 힘들었기 때문에 그를 배려하지 못한 일들도 많았을 거다. 미국에선 감기 한 번 걸린 적 없던 비니가 자주 몸살을 앓았다. 늘 밝고 강했던 그가 힘없이 "아픈 것보다 아무것도 못 하는 무력감이 나를 더 힘들게 해."라는 말을 하곤 했다. 짧지 않은 시간 동안 그를 봐 왔지만 그렇게 지친 모습을 본 적은 처음이었다. 나는 그런 비니에게 미안함과 동시에 숙제 같은 무거움을 껴안고 있었다.

돌이켜보면 내가 참 미련했다. 비니에게 정말 미안하다. 처음에는 주문해 둔 인력거가 오지 않아 그를 지치게 했고, 한껏 기대를 안고 시작했던 인력거 운행조차 생각만큼 쉽지 않았다. 한국에 와서부터 전혀 상상도 못 했던 환경에 부닥치면서도 견디려고 그렇게 애썼는데, 이래저래 그에게 악조건만 선물했던 셈이다.

2012년 9월 15일, 비니가 떠났다. 4개월 남짓 힘든 시작을 함께한 친구가 떠났다. 나는 다시 혼자가 되었다. 그해 여름은 많은 것을 이루기도 혹은 이루지 못하기도 했지만, 힘찬 발걸음을 내디뎠던 뜨거운 여름이었다. 사표를 던지고 인력거를 몰겠다고 결심했을 때, 나는 그 누구도 불가능하다고 생각했던 일에 대한 가능성을 내보이고 싶었다. 자신 있었다. 그렇지만 현실은 뜯어말리던 사람들 말대로 여기는 보스턴이 아니라 서울 한복판이라는 사실만 일깨웠다.

다시 처음으로 되돌아가야 하나?

그럴 순 없었다. 비니는 갔지만 내 곁에는 인력거를 지켜주는 수호신들이 있었다. 페달을 밟으며 재화를 창출하는 인력거의 정직

한 노동의 가치를 칭찬해 주시는 명동성당 고창근 신부님. 아띠를 '아름다움이 띠를 이룬다'고 멋지게 풀어 늘 응원해 주시던 북촌 주민 신현림 작가님.

이 두 분 뿐만 아니다. 아띠인력거가 북촌에 세 바퀴를 굴리고 다닌지 얼마 지나지 않아서부터 우리의 활동을 응원해 주는 어른들을 참 많이 만났다. 아띠인력거는 그분들의 격려와 지지를 먹으면서 굴러갔다. 사실을 말하자면 보스턴에서 인력거 일을 할 때, 또 서울에서 인력거 일을 시작할 때도, 내가 하는 일의 가치에 대해서는 별로 생각하지 못 했다. 그런데 수호신 같은 분들이 "너희는 지금 멋진 일을 하고 있어!" 하며 우리가 하는 일의 가치를 각인시켜 주었다.

인력거의 주 무대인 북촌에는 언덕길이 많다. 인력거를 끌고 언덕길을 오르자면 힘 좋은 라이더조차 헉헉댄다.(처음 인력거를 몰 땐 거길 고난의 언덕이라 불렀다.) 한때 라이더들의 힘을 덜어 줄 생각으로 잠시 모터를 단 적이 있었다. 그러면 힘도 덜고 더 많은 지역을 갈 수 있을 것 같았다. 그런데 모터를 달았더니 웬걸, 고장이 더 많이 나서 애를 먹었다.

또 모터 무게도 만만치 않아서 인력거가 무거웠다.(이미 작은 애가 하나 타고 있는 무게감이 있다.) 처음엔 오르막길 갈 때만 써야지, 했는데 막상 모터가 있으니 아무 때나 마구 쓰게 되었다. 사람은 편한 데 익숙해지니까. 더구나 전기 에너지도 소비되니 친환경적 의미를 담고 있는 자전거 인력거의 의미가 무색하지 않나?

모터가 달려 있는지 손님들은 모른다. 그것도 민망했다. 왠지 속이는 듯한 느낌이랄까? 오히려 아띠인력거만의 경쟁력이었던 인간적인 매력을 잃어버린 것 같았다. 이건 내가 추구하는 게 아닌데, 싶었다.(사실 우리가 하는 일의 가치를 일깨워 준 분들이 없었더라면 이렇게 진지한 생각을 할 수 있었을까?) 아띠인력거는 단순함을 지향한다. 두 발의 힘만으로도 웬만한 건 다 할 수 있다. 약간의 편리함을 위해 복잡함을 자초할 필요는 없다. 그래서 다시 초심으로 돌아가 두 발로 페달을 밟기로 했다.

하고 싶은 일을 했을 뿐인데 여러 사람을 만나면서 우리가 하는 일의 사회적·생태적 가치를 깨닫게 되었다. 그건 더 열심히 일할 수 있는 원동력이 되었고 지속성에 대한 희망을 주었다. 만약 우리 곁에 수호신 같은 사람들이 없었더라면 '내가 할 수 있는 건 다 했어. 충분히 노력했고 가능성도 인정받았으니 여기까지, 끝!' 했을지도 모르겠다.

중국에서 만난
인력거 동지들

비니가 떠나자 마음 한쪽이 뻥 뚫린 것처럼 허전했다. 그렇지만 지체할 시간이 없었다. 다행히 주말마다 제임스도 나를 도와 인력거를 끌었고, 사회인 야구팀에서 만난 동갑내기 친구 심재훈('잭슨'이라는 별명으로 지금도 주말에 인력거를 몬다.)도 합류해 나를 도왔다. 초기 창업 자금은 벌써 바닥났다. 나는 친한 선배에게서 5백만 원을 빌려 인력거를 더 사기로 했다. 몇 개월 운행해 보니 달랑 인력거 2대로는 어림도 없었다. 처음 운행을 시작한 북촌에서라도 인력거가 눈에 좀 띄어야 상품으로 인정받을 수 있겠다 싶었다. 그래야 라이더도 모을 수 있겠다는 판단이었다. 나는 보스턴 페디캡에서의 사례를 기준 삼아, 인력거 대 라이더의 비율을 최소 1:3 정도 염두에 두었다. 라이더 운영은 비상근 탄력근무 체제이므로 라이더 수는 인력거 숫자 대비 3~4배는 확보해야 안정적으로 운행

된다. 마음 같아서는 10대 정도 마련하고 싶었지만, 돈도 라이더도 부족했다. 우선 4대를 주문했다.

며칠 후, 나는 추석 연휴를 끼고 10일 동안의 출장 일정을 잡아 중국행 비행기에 몸을 실었다. 비니가 있을 때 나는 늘 "인력거 수리에 들인 시간만큼 공부했으면 사법고시에 합격했을 거야." 하고 투덜대곤 했다. 인력거를 사용해 보니 새 것인데도 손 볼 일이 많았다. 애초 생산 공장에서 제대로 만들지 않고 대충 조립해 보낸 탓이 컸다.

내가 주문한 인력거가 어떻게 만들어지는지 직접 지켜봐야겠다고 결심했다. 인력거의 생산 과정을 보면 탈이 나서 손봐야 할 때도 좀 더 수월할 게 아닌가. 그동안 내가 인력거 수리하는 데 들인 시간을 생각하면 벌컥 화가 치밀었다. 반드시 가서 봐야 할 일이었다. 눈에 불을 켜고 처음부터 끝까지 지켜보리라!

내가 방문할 공장은 처음 친구 윤수와 함께 시장조사차 갔던 생산 공장 중 젊은 부부가 운영하는 공장이다. 첫 거래에서 마찰도 있었고 제품도 만족스럽지 않았지만, 부부의 얼굴에 순수한 열망이 가득했기 때문에 다시 거래하기로 마음먹었다. 부인은 인력거 제조에 일가견이 전혀 없던 그들이 어떻게 인력거를 만들게 되었는지를 들려주었다.

"원래 저는 인력거 제조 회사에 다녔어요. 그런데 물건의 질이 좋지 않아 고객들의 불만이 많았어요. 그 회사의 사장은 돈만 밝히는 사람이었죠. 제품을 개선하기 위한 노력을 전혀 하지 않았어요. 돈이 드니까요. 어느 날 영국에서 인력거 사업을 하는 고객 한 분이 저한테 '직접 인력거를 만들어 보면 어떻겠냐'는 제안을 하더라고요. 처음에는 말도 안 된다 싶었는데, 듣고 보니 못할 것도 없겠다 싶었어요. 그렇게 그분이 유에스비(USB)에 담아온 도면 하나로 다른 일을 하던 남편과 합세하여 인력거 사업을 시작했지요. 세계 최고의 인력거를 만드는 게 목표에요."

땅도 넓고 인구도 많아서인지, 중국은 미국처럼 부모로부터 독립해 사는 젊은이들이 많았다. 그래서인지 의식이나 행동도 틀에 얽매이지 않고 굉장히 진취적이었다. 이들 부부의 경험담은 나에게 새로운 도전의식을 주었다. 30대 초반의 부부가 인력거 제조업체를 창업하고 500평의 공장에 직원들을 고용해서 매년 성장해 나간다는 사실! 한국이었으면 각종 창업 지원 사업에 선택받았을 텐데 중국에선 별 주목거리가 되지 못했다.

융캉은 중국 문의(현관 문이나 대문) 80%를 만드는 산업 소도시다. 바다 근처로 철을 가공하는 가게가 쭉 늘어서 있다 보니 쇳가루가 날려서 공기가 썩 좋지 않았다. 젊은 부부의 공장도 그곳에 자리 잡고 있었다. 나는 출장 기간 내내 밤늦게 여관에 들어가 잠만 간신히 자고 나와서 새벽같이 공장으로 향하는 생활을 계속했다. 출장 경비를 아끼려고 값싼 여관에 묵었더니 물이 잘 나오지 않아 샤워를 제대로 할 수 없을 정도였다. 그렇게 며칠 동안 씻지 못한 채로 다녔더니 머리에 기름이 질질 흘렀다. 재미있게도 그런 꾀죄죄한 내 모습이 공장 직원들과의 거리감을 줄여 주었다. 나는 같은 성을 가진 기술자를 졸졸 따라다니며 "나도 성이 '이'니까, 이 형(lao li, 老李)이라고 불러도 되죠?" 하며 너스레를 떨었다. 친한 척 달라붙는 나의 행동에 그는 재밌는 별명이라며 웃어주었다. 나는 그의 곁에 착 달라붙어 인력거 만드는 과정을 지켜보며 간단한 중국어와 몸짓을 섞어가며 말했다.

"이 형, 한국뿐 아니라 선진국 사람들 눈높이에 맞추려면 좀 더 완성도를 높여야 해요."

"알았어요. 알았어. 꼼꼼하게 조립할게요."

고맙게도 그는 고개를 끄덕이며 대답했다. 바람도 거의 들어오지 않는 공장에서 무더위를 견디며 그들과 섞여 일했다. 하루 10시간, 어떨 땐 꼬박 12시간 넘을 때도 있었다. 그러다 보니 나중엔 지네와 뱀이 나오는 공장 안에서 아무렇지도 않게 도시락을 나눠 먹을 정도가 되었다. 마음 같아서는 한 달 정도 머물며 인력거 제조 공정을 더 배우고 싶었지만, 나는 곧 그곳을 떠나야만 했다.

처음에는 고객으로서 원하는 바를 지시하고 감시할 목적으로 떠난 여정이었다. 그런데 그들과 동고동락하다 보니, 오히려 배움과 동참의 시간이 되었다. 서울이 아닌 다른 곳에서 '인력거 동지들'을 만난 가슴 따뜻한 시간이기도 했다.

힘든 시절 아띠인력거를 함께 지켜준 든든한 친구들.
시계 방향으로 잭슨(심재훈), 제임스(이재훈), 나, 양쏘(양소영), 갈매(이주형).

인력거는 사람이 끄는, 주로 사람을 태우는 도구다.

마치 파도같은 기와의 물결. 북촌마을 윗동네로 가면 우리 전통 가옥의 생김새가 한눈에 들어온다.

돌담에는 이야기가 켜켜이 쌓여 있는 듯하다.(덕수궁 돌담길)

담을 따라 느릿느릿 가다보면 조급한 도시인의 마음에 여유가 스민다.(안국동윤보선가 담벼락)

가회동 골목

서촌 골목

아띠인력거는 골목길을 좋아한다. 골목마다 저마다의 표정이 있다.

익선동 골목

소격동 골목

골목에 들어서면, 라이더와 손님은 잠깐 인력거에서 내려 동네 이야기를 나눈다.

골목에 들어서면 운치있는 집들이 줄지어 있다.

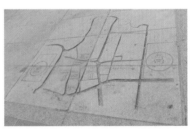

북촌 한옥마을 땅 지도

서울에 아직 남아있는 빨래터

비니와 내가 다닌 고등학
교(Cushing Acamedy)
때 선생님이 우리를 응원
하러 한국을 방문했다.

비니와 나는 펭귄이 그려진 유니폼을 입고
인력거 운행을 시작했다.

아띠인력거를 같이 시작했던 나의 절친 비니. 안내판의
한글은 그의 작품이다.

비니와 나, 최초로 인터뷰 당하다.
(에코 라이프 매거진 〈그린마인드〉)

'보스턴 페디캡' 라이더 시절 동료 브렛과 함께. 그때가 있어서 지금도 있다.

'보스턴 페디캡' 명함 앞면과 뒷면

보스턴시 라이더 면허증

고등학교 때 비니와 나. 그와의 인연이 인력거와의 인연으로 이어졌다.

2014년 10월 텍사스 오스틴에서 재회의 기쁨을 나누었다.

처음 마련한 원남동 차고.

차고 안. 우리는 여기에 간이 샤워실을 만들어 찌는 듯한 한여름을 났다.

우리는 한동안 차고에서 잠자리를 해결해야 했다. 힘들었지만 많은 생각을 낳은 곳이다.

2012년 7월. 인천항 물류 창고에서 첫 인력거를 맞이했다.

첫 인력거가 들어왔다. 두 대가 들어오니 꽉 차버려서 비니와 나는 작은 골방에서 잠을 자야 했다.

인력거가 고장이라도 나면 이웃 삼촌들이 자기 일처럼 달려들어 해결해 주었다.
몸은 힘들었지만 이웃의 정으로 버텼던 시절이다.

이 가족은 정말 특별한 손님이다. 입양한 아이들을 위해 한국을 방문했고, 인력거를 타는 내내 매우 즐거워 했다. 이럴 때 나도 덩달아 즐겁다.

청년들의 친구 김난도 선생님. 인력거를 태워 드리고 흐뭇한 미소를 선물로 받았다.

인력거 위에서 나누는 얘기는 소소하지만 행복을 느끼기엔 충분하다.

한 방송사에서 우리를 취재하는데 김창완 아저씨가 인터뷰어였다. 말이 잘 통하는 어른이다.

인력거 위에서는 때때로 작은 음악회가 열린다

인력거 회사 대표 '프리델'. 인력거라는
공통 관심사가 우리를 오래된 친구처럼
엮어줬다.

영국의 인력거 회사를 탐방했다. 여러 인력거 회사의 인력거가
들어와 있는 차고의 규모에 놀랐다.

인력거 만들기와 수리까지
차고에서 다 이루어진다.

인력거 라이더 지침

'배기 가스 0% 행복 100%'라는 슬로건, 힘
있다.

버그버그의 인력거를 끌어보았다. 중국산보다 움직
임이 가벼웠다.

프리델이 여성 라이더와 얘기를 나누고 있다. 버그버
그에는 여성 라이더가 세 명 있었다.

런던의 인력거는 모양도 크기도 색깔도 다양했다.
주로 야간에 운행해서 그런지 화려한 색깔이 대부분이었다.

자전거 도시의 모델인 캠브리지시에는 자전거 택배가 다닌다. 그래서인지 공기가 맑은 느낌이었다.

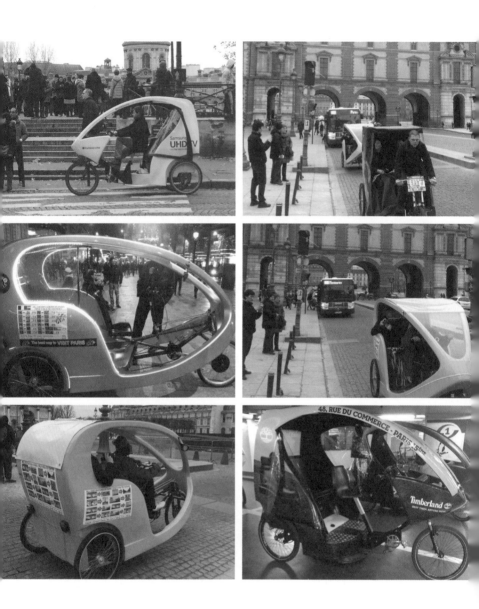

패션의 나라여서 그런가? 파리의 인력거는 그동안 내가 봐왔던 투박한 인력거와는 달랐다.
디자인 감각이 뛰어났다.

비스듬히 누워서 페달을 밟게 돼 있는 인력거.

나무로 만든 인력거.

인력거 회사 사장은 불쑥 찾아 간 우리를 반갑게
맞아주었다. 어딜가나 인력거가 다리를 잘 놔준다.

인력거 요금표. 1시간 투어에 약 7만
원, 30분에 약4만원.

지하지만 아주 쾌적한 공간에 위치한 인력거 차고. 공간이 넉넉
하니 두껑을 분리하지 않고 둔다.

아띠인력거의 정거장이자 쉼터이기도 한 곳 '마나님 레시피' 앞. 마나님의 도움으로 북촌에 안착할 수 있었다.

길거리 소상인 청년에게 선뜻 가게 앞 자리를 내주신 마나님은 라이더들의 어머니같은 분이다.

'마나님 레시피' 맞은 편 예술가 부부의 작업실 앞도 아띠인력거가 점령한 쉼터. 참 고마운 곳이다.

'군산 시간여행 축제'에 참여한 아띠인력거

충남 서천 '국립생태원'에서도 아띠인력거를 만날 수 있다.

신랑신부를 태우고 동네 한 바퀴, 행복한 아띠인력거

아띠인력거 타고 꼬맹이들 생일 축하 잔치

'아베다'의 홍보 마케팅에 참여한 아띠인력거

서울랜드 '삼일절 행사'에 참여한 아띠인력거

2014년 7월 '라이더스 데이'를 마치고 라이더들과 함께.
제각기 다른 배경과 개성을 가진 라이더들은 인력거라는 도구를 통해 하나가 된 동지들이다.

Riding Happiness

정말 하고 싶었다.

나만 할 수 있는 일을,

나밖에 모르는 일을.

Move On

3막

다시 한번 기지개를 켜고

칠전팔기
공모전 응모기

좋은 기운은 점점 퍼져 나갔다.
여기저기서 인력거를 끌고 싶다는 젊은이들이 하나둘 모여들기 시작했다.
어디선가 나보다 더 자전거를 잘 아는 사람이 쑥 나타나는가 하면
인력거의 주 무대인 북촌에서 나고 자란 동네 청년도 불쑥 손을 내밀었다.

팀을 구축하다

2012년 10월, 중국에서 인력거 4대가 도착했다. 총 6대의 인력거가 차고 안에 꽉 찬 모습을 보니 안 먹어도 배부를 정도로 기분이 좋았다. 인력거도 찼겠다, 같이 인력거를 탈 동료를 찾아 나설 때가 되었다. 마침 직장인 시절 잠시 활동했던 야구팀에서 만난 '건돼'('건방진 돼지'라는 뜻의 별명)라는 친구가 인력거에 관심을 보였다. 대학생이었던 건돼는 수업이 없는 날에 나와서 정비와 운행 등을 맡아 주겠노라고 했다. 주말에 나오는 제임스와 잭슨, 평일에 나오는 건돼, 그리고 디자인을 맡아 줄 민선까지 총 5명의 스텝이 완성되었다. 나는 마치 영화 〈매트릭스〉에서 네오(키아누 리브스)가 먹었던 빨간 약(주인공은 빨간 약을 먹으면 현실 세계에서 치열하게 살아야 하고, 파란 약을 먹으면 가상 세계에게 편하게 산다.)이라도 삼킨 양, 기상천외한 모험에 대한 각오를 다졌다.

어느 날, 일주일에 한 번씩 회의하는 날, 디자인 일을 도와주던 민선이가 인력거에 어울리는 이름들을 준비해 왔다. 먼저 비니와 함께 지었던 '펭귄런투유'나 '서울페디캡'이라는 이름은 사람들에게 친근하게 다가서기 힘들다는 의견이 많았다. 그래서 좀 더 친근한 이름으로 바꾸기로 했다.

'야 씽씽타' '세움인(세상을 움직이는 인력거)' '아띠인력거'

그중에서 '아띠인력거'가 와닿았다. 어감도 좋고 전체적으로 균형감이 느껴졌다. '인력거'에서 풍기는 이미지(힘들어 보이는)가 조금 걸리긴 했다. 그래도 인력거는 사람들이 우리를 봤을 때 가장 먼저 인식하는 단어이기도 하고, '아띠'의 귀여움이 그런 느낌을 덮어 줄 듯했다. 아띠는 순우리말로 '좋은 친구' '오래된 친구'라는 뜻도 있다고 해서 여러모로 마음에 들었다. 우리는 이띠인력기를 회사명으로 정하고 명함과 홍보물을 만들기로 했다.

팀을 구축하고 모처럼 의기충천하여 사업을 단단하게 하는 데 집중하고 있던 어느 날, 제임스가 반가운 소식을 물고 왔다. 이화여대에서 '실전 campus CEO'라는 창업 관련 수업이 있는데 우리 일에 도움이 될 거라며 들어보라고 권했다. 강의명을 듣는 순간 왠지모르게 놓치면 안 되겠다는 생각이 들었다. 나는 당장 제임스가 메일로 전해 준 강의 소개 파일을 열어보았다.

'본 과목의 목표는 창업 또는 예비 창업자를 위한 사업계획서(Business & Marketing Plan)를 작성하는 과정입니다. 본 과목을 이

수하게 되면 사업이 무엇인지 창업이 무엇인지를 확실하게 알게 되고 향후 인생을 설계하고 스스로 살아가는 데 필요한 통찰력과 자신을 획득하게 됩니다.'

강의 소개 내용에는 예비 창업자들이 신규 사업 아이템을 선정하는 과정에서부터, 시장 환경 분석과 소비자 Needs 분석 · 비즈니스 모델 · 플랫폼 구축 방안 · 기술 확보 전략 · 마케팅과 브랜드 전략 · 사업 타당성 검증을 통한 투자 유치용 사업계획서 작성을 위한 전 과정 실습 등 구구절절 나에게 절실한 것들로 꽉 차 있었다.

나는 담당 교수인 김창훈 선생님께 메일을 보냈다. 내가 이 강의를 꼭 들어야 하는 이유를 간절하게 설명하고, 지금 하고 있는 사업에 무척 도움이 될 거라는 기대를 막 쏟아냈다. 선생님은 고맙게도 나에게 청강할 기회를 주었다. 그 회신을 받자마자 인력거를 끌다 부랴부랴 달려갔다. 수업이 절반쯤 지나고 있었는데, 나는 창피함도 잊고 중간에 쏙 들어갔다. 쉬는 시간이 되자 화장실에서 김창훈 선생님과 어색한 인사를 나누었다.

"자네, 어떤 일을 하고 있나?"

"인력거 사업입니다."

"인력거로 무슨 사업을 하나?"

"말하자면 조금 길어서요. 제가 발표 준비해 왔습니다."

수업이 시작되고 선생님이 발표해 보라는 눈짓을 하자, 나는 여학생들 틈에서 어색한 것도 잊고 말문을 열었다. "저는 안국동에서 인력거를 끌고 있는 이인재라고 합니다." 선생님이 빙긋이 웃으며 "특이한 사업을 하고 있네. 궁금하네." 하며 흥을 돋워 주셨다. 인력거라고 하면 다들 생소해 해서, 프리젠테이션 화면에 인력거 사진부터 띄워 놓았다.

곧 인력거가 달리는 모습을 보자 여기저기서 웃음이 터져 나왔다. 반응이 나쁘지 않았다. 그날 나는 신이 나서 얼마나 떠들어 댔는지 모른다. 그 이후 나는 청강생 주제에 열심히 수업에 참여했다. 그래서인지 선생님도 학생들도 나를 한 가족처럼 대해주었다.

그 시간은 학생들의 다양한 생각을 듣게 된 좋은 기회였다. 무엇보다 김창훈 선생님 같은 훌륭한 멘토를 만난 게 가장 큰 수확이었다. 선생님은 내게 도움이 될만한 사람들과 정보를 아낌없이 퍼주셨다. 가끔 메일로 힘든 일을 털어놓으면 늘 장문의 답장을 주셨다. 나는 그분의 열정에 깊이 감동하고 또 전염되었다. 그 덕에 일에 대한 열의가 더욱 불타올랐다.

2012년 그해 겨울은 매섭도록 추웠다. 실제로 기온이 매우 떨어진 한파이기도 했지만, 25년 넘게 따뜻한 실내에서만 겨울을 지내다 난생 처음으로 거리에서 추위와 맞서 인력거를 몰았기 때문일 거다. 우리는 내복을 세 겹씩 껴입고, 그 위에 두툼한 패딩 파카를 걸치고 인력거를 몰았다.

든든한 친구들

인력거에서 한 해를 보내고 2013년 새해를 맞았다. 참으로 다사다난했던 2012년. 잃은 것도 많지만 얻은 것도 많았다. 한 해를 보내면서 아쉬웠던 일이 많았지만, 그중에서도 유난히 내 마음 한편에 남아 있는 일이 있었다. 새해에는 그 일을 풀어보리라 마음먹고 있었다. 바로 창업 지원 관련 공모전. 내가 그토록 공모전에 미련을 가진 이유는 사업 지원금이나 사무실 보조 등의 현실적인 이유 말고도, 인력거의 존재를 인정받고 싶어서였다. 그동안 몇 번의 공모전 심사를 거치면서 아예 창업 아이템으로조차 인정받지 못했다는 건 받아들이기 힘들었다. 객기가 아니라 당당한 사업 아이템으로 존중받고 싶었다. 지난 6개월 동안 아띠인력거를 직접 꾸려가면서 사업의 지속 가능성에 자신감이 생겼다. 무엇보다 이번엔 혼자가 아니라는 사실!

내 곁엔 든든한 친구들이 있었다. 온갖 행정 업무를 도와주었던 '엠제이'라는 별명을 가진 문정원. 지인의 소개로 알게 된 엠제이는 국제경영학을 공부하는 대학생이었는데, 기획서를 아주 잘 썼다. 엠제이는 아띠인력거 일이라면 밤샘도 마다치 않고 열의를 쏟는 아띠인력거의 인재였다. 그리고 아띠인력거 최초로 공개 채용한 '양쏘'라는 별명의 양소영. 양쏘는 실전 campus CEO에서 알게 된 학생이 이화여대 홈페이지에 채용 공고를 올려 건지게 된 보석이다. 양쏘의 통통 튀는 자기소개서는 시선을 단번에 사로잡았다.

'저는 어릴 때 돌고래를 타고 싶었어요. 돌고래 라이더가 되는 것이 꿈이었지요. 물론 이제 스무 살이 넘어 돌고래 라이더가 되는 것은 불가능하다는 것쯤은 아는 나이가 되었답니다. 어느 날 아띠인력거 채용공고를 보았고 어쩌면 잃어버렸던 꿈을 다시 찾을 수 있지 않을까 싶었습니다. 인력거를 타는 것은 돌고래를 타는 것과 비슷한 느낌이 아닐까요?'

양쏘는 인력거를 직접 모는 것은 물론이고 홍보 마케팅과 디자인 등 아띠인력거에 필요한 모든 업무에 투입되었다. 그뿐만 아니다. 아띠인력거에 여자 라이더도 생겼다. 어린 시절 중국에서 살았는데, 그때 거리에서만 보던 인력거가 서울에 생겨서 호기심에 지원했다는 오세린이라는 대학생(그의 별명은 '믿고 맡겨!'라는 뜻의 '미꾸').

미꾸는 평소 자전거를 꾸준히 탔고, 축구 동아리 주장으로 활동했는데도 처음에는 인력거 끌기를 힘들어했다. 그렇지만 얼마 동안 다리를 절뚝거리면서도 인력거를 포기하지 않았고 마침내 스스로 즐기는 경지에 이르게 됐다. 나는 평소 한국 사회에 배어있는 남성과 여성의 사회적 역할에 대한 편견이 못마땅했다. 굳이 남성과 여성의 일을 나누고 역할 구분을 하는 데 대한 반감이었다. 그래서인지 미꾸가 아무 편견없이 지원했을 때 정말 반가웠다.

굳이 여성이 아니어도 인력거 일은 힘들 수 있다. 여성이어서가 아니라 체력이 약한 사람의 문제인 거다. 미꾸는 나의 기대를 저버리지 않았다. 초기의 어려움을 가뿐히 극복하면서 나중에는 즐기면서 타는 것을 느낄 수 있었다. 미꾸는 교환학생으로 한국을 떠나기 전까지 무려 10개월 동안이나 인력거를 끌었다.

좋은 기운은 점점 퍼져 나갔다. 여기저기서 인력거를 끌고 싶다는 젊은이들이 하나둘 모여들기 시작했다. 어디선가 나보다 더 자전거를 잘 아는 사람이 쑥 나타나는가 하면, 인력거의 주 무대인 북촌에서 나고 자란 동네 청년도 불쑥 손을 내밀었다.

이렇게 능력 있고 독특한 친구들이 한데 어울리니 칙칙했던 차고가 그들의 열기로 가득 찼다. 우리는 하루가 멀다 하고 원남동 차고와 '스페이스 노아'(코워킹 사무실)가 위치한 북창동을 오가며 열정을 나누었다. 유니폼과 번호판을 만들고, 래핑지를 출력해서 인력거에 붙이고, 자전거 정비를 배우고 공모전 준비도 하면서⋯⋯. 인력거는 날씨가 너무 추워서 2월까지는 주말과 공휴일에만 몰기로 했다.(평일에는 예약이 있을 때만 운행했다.)

그렇게 1월과 2월이 지나고, 거리에서 삼일절을 맞이했다. 반소매를 입을 정도로 이상고온현상을 보였던 2013년 3월 1일. 그날은 아마 평생 잊지 못할 거다. 아띠인력거에도 날씨만큼이나 '이상 현상'이 일어났기 때문이다. 겨우내 손님을 찾아 헤매던 일이 언제였나 싶게 여기저기서 인력거를 타겠다는 사람들이 몰려들었다. 보통 일주일에 태울 손님들을 그날 다 태웠다. 그날 하루만의 신기루가 아니었다. 3, 4, 5월 연일 각종 공모전에 지원하는 와중에도 손님 수가 지난달의 두 배로 뛰었다.

'아띠인력거호가 이제야 제대로 나가는구나!'

순풍에 돛을 단 느낌이었다. 이런 기세라면 공모전을 향한 달콤한 꿈도 곧 이루어질 것만 같았다.

도전기 1:
과한 욕심이 부른 실패

　　우리가 지원할 만한 창업 관련 공모전들을 추려보니 10
건이 넘었다. 때마침 몇몇 언론에서 아띠인력거가 소개되어 심사
위원들에게 할 얘기가 많아진 점도 청신호였다. '2013년 혁신 일
자리 워킹그룹' '1인 창조기업 마케팅 지원 사업' '마케팅 플랫폼 지
원 사업' '창업선도대학 창업사업화 지원 사업' '사회적 기업가 육
성사업' '창조관광사업 공모전'. 우리가 2013년 한 해 동안 도전했
던 공모전들이다. 우리는 아띠인력거의 존재를 알리고 공적인 지
원을 받아보고 싶어서 열심히 도전하고 또 도전했다. 이 가운데 한
공모전(2013년 혁신 일자리 워킹 그룹)에서만 1차부터 미끄러졌고, 나
머지는 모두 1차 서류 전형을 통과했다. 그 중 2013년 창업선도대
학 '창업사업화 지원 사업'(중소기업청의 지원을 받아 호서대에서 주관했
다.)이 특히 기억에 남는다.

이 공모전은 우리가 지원했던 다른 경연과는 달리 제조업 분야의 창업자를 대상으로 한 것이었다. 아띠인력거는 서비스업이다. 그런데 왜 지원했냐고? 나는 이 일을 계속하고 싶다. 그러려면 언제까지 중국에서 만든 인력거를 사들여 수리·보수해 가며 사용할 순 없다. 인력거를 자체 생산할 수 있어야 한다는 생각이 들었다. 그동안 인력거를 제조하는 과정도 눈으로 익혔고, '무한나눔사이클'(서울시 하자센터에서 운영하는 자전거 공방)에서 자전거 정비도 배웠다.

무엇보다 한국에서 인력거를 몰면서 사용자(손님, 라이더)들의 애로사항도 들어온지라, '사용자 경험이 반영된 최적의 인력거를 만들 수 있지 않을까?' 하는 생각이 들었다. 중국의 인력거 생산 업체에서 열흘 동안 동고동락해 보니, 인력거 제조가 그리 어려운 일 같지는 않았다. 원남동에서 이웃들과 인력거를 수리하면서도, 청계천 구석구석 부품들을 구하러 다니면서도 자신했다. 언젠가 한국에서도 만들 수 있을 거라고.

그리하여 '수출 경쟁력을 갖춘 인력거를 한국에서도 만들 수 있다'며 지원서를 냈다. 1차 서류 전형에 수월하게 통과하고 나니 꼭 될 것만 같았다. 호서대 천안캠퍼스에서 진행된 2차 면접을 며칠 앞두고 기쁜 일이 있었다. 얼마 전에 지원했던 '1인 창조기업 마케팅 지원 사업'에 최종 선발된 것이다. 그 때문에 자신감이 넘쳤는지 준비도 대충하는 여유를 부렸다. 발표 때 나는 그해 봄 매달 증가하던 예약 전화 수를 적은 도표와 인력거 도면을 내보이며 의기양

양하게 말했다. 그러고서 꽤 설득력 있는 발표를 했다고 자신했다.

"향후 전국적으로 인력거 수요가 분명히 증가할 겁니다."

확신에 찬 나의 말에 심사위원들이 몇 가지 기술적인 질문을 던졌다.

"제조업 경험이 있나요?" "공장은 알아보셨는지?" "좀 더 객관적인 자료가 있나요?"

"……."

심사위원들의 질문 앞에 나는 속 시원한 답을 내놓지 못했다. 꼼꼼하게 준비했어야 할 사항들을 대범하게 간과했던 것이다. 준비가 부족했다는 걸 인정하지 않을 수 없었다. 심사위원들의 표정을 살피니 다들 좋지 않았다. 더는 질문도 하지 않았다.

그때를 떠올리면 욕심이 과하지 않았나, 하고 반성한다. 왜 지원했을까? 아직 인력거 운행 사업도 갈 길이 한참 먼데…… 김칫국부터 마시다 사레 걸린 격이었다. 그때는 이런 생각을 할 만큼 차분하지도, 객관적인 시각을 갖추지도 못했다. 단지 공모전을 향한 '도전'만이 중요했다. 창피한 마음과 아쉬움은 남지만, 인력거 제조의 꿈을 품고 그 꿈을 실행하기 위해 한걸음 내디뎠다는 것은 희망적인 일로 남았다.

도전기 2:
두 번째 같은 도전

인력거를 몰고 북촌 일대를 다니면 시간 가는 줄 모른다. 안국동, 재동, 가회동, 삼청동, 팔판동……. 종종 가회동 언덕 길을 오르며 운치 있는 집들(회사 사무 공간으로 이용하는 곳늘도 많다.)을 구경하는 재미가 쏠쏠하다. 한창 공모전이다 뭐다 해서 분주하게 지내던 어느 날, 아는 분이 가회동 언덕길에서 디자인 회사를 운영하는 최원석 대표를 소개해 주었다. 그 이후 최원석 대표는 꾸준히 우리 일에 이런저런 애정 어린 조언을 해 주곤 한다. 하루는 우리에게 딱 맞는 공모전이 있다며 알려 주었다.

"인재 씨, '사회적기업가 육성사업'에 지원해 보면 어때요? 창업하려는 사람들에게 사무 공간도 지원해 준다고 하고, 내가 보기에 아띠인력거는 충분히 가능성 있는데."

"아, 저희가요?"

"응, 알아봐봐."

"아⋯⋯ 네⋯⋯"

그 명칭을 듣는 순간 어디선가 들어본 적 있다 싶었는데, 바로 지난해 지원했다가 고배를 마신 공모전이었다. 2012년 5월 한국사회적기업진흥원에서 주관한 '청년 등 예비 사회적기업가 육성사업' 부문 공모전. 회사를 나와 반지하 원룸에서 제임스와 함께 작성한 첫 사업계획서가 그때 준비한 것이다.

당시 우리는 인력거를 통해 두 가지 사회적 가치를 창출할 수 있다는 점을 주제로 삼았다. 첫째는 다문화 가정 출신 청년들을 라이더로 고용하고, 그들에게 관광 가이드를 맡겨 다민족 문화로 변화된 한국의 모습을 보여주겠다는 점. 둘째는 청년 일자리 창출을 들었다. 1차 서류에서 통과되고, 2차 심사에서 탈락했다.

그렇게 떨어진 경험이 있어서 다시는 쳐다보기도 싫었지만, 한편으로는 실패를 씻어 내고 싶었다. 뽑히면 제공받을 사무 공간이 차고와 가깝다는 점도 몹시 탐났다. 업무 공간이 아쉬웠던 터였다.

'사회적 기업'이라⋯⋯. 나에겐 여전히 생소한 용어였다. 한국사회적기업진흥원에서는 사회적 기업의 개념을 이렇게 설명하고 있다. '영리 기업과 비영리 기업의 중간 형태로, 사회적 목적을 우선으로 추구하면서 재화・서비스의 생산・판매 등 영업 활동을 수행하는 기업(조직)을 말함'. 또 '사회적기업 육성법'을 들여다 보면, '취약계층에게 사회 서비스 또는 일자리를 제공하여 지역 주민의 삶의 질을 높이는 등의 사회적 목적을 추구하면서 재화 및 서비스의 생산·판매 등 영업활동을 하는 기업으로서 고용노동부 장관의 인증을 받은 기관'으로 정의하고 있다.

그러니까, 고용노동부가 만든 몇 가지 규정에 들어맞으면 사회적기업으로 인증하고 여러 혜택을 준다는 것이다. 처음 지원할 때 배운 이 영역의 세계는 알수록 모호하고 쉽게 정의할 수 없었다. 소셜 벤처·소셜 엔터프라이즈 등 유사 단어가 난립하고, 여전히 불투명한 영역이 많은데 단지 지원을 받기 위해 억지로 끼워 맞추어나 하나? 고민되었다.

사실 아띠인력거는 우리 사회의 특정한 문제를 해결해보겠다는 취지로 출발한 게 아닌데, 몇몇 분들이 아띠인력거를 사회적 기업이라고 소개하기도 했다. 자전거가 연료를 쓰지 않고 순전히 사람의 발로 움직이는 친환경적 도구여서인지, 우리가 "안녕하세요" 하고 인사 잘하고 다니니까 순수해 보여서였는지는 잘 모르겠다. 이따금 동네 어르신들이나 손님들을 무료로 태워주기도 해서 봉사 활동하는 청년들로 착각하는 분들도 있었다. 그렇게 보면 사회적 기업을 이해하는 사람들의 모습은 제각각이었던 게 분명했다.

우리가 모는 인력거는 단순히 이동 수단 역할만 하는 게 아니다. 두 발의 힘으로 달리면서 우리 고유의 문화를 소개하고, 사라져 가는 골목길의 정취와 잊혀진 이야기를 들려주는 문화사절단의 역할도 하고 있다. 하긴 이 사실만으로도 아띠인력거가 '사회적'이긴 하다.

지난해 떨어졌을 때 다시는 뒤돌아보지도 않을 것처럼 씩씩댔는데, 자존심을 접고 성숙한 마음으로 다시 한 번 도전해보기로 했다. 그리하여 2013년 5월, 같은 공모전에 두 번째로 지원했다. 이번에는 '문화·예술인을 라이더로 채용해 문화 콘텐츠를 전한다'는 주제로 기획안을 작성했다. 학생이나 프리랜서가 대부분인 예술계 종사자들이, 다른 일거리에 비해 상대적으로 높은 시급을 받으며 탄력적으로 근무할 수 있다는 점을 강조했다. 실제로 아띠인력거에는 디자이너, 음악가, 자전거 여행가 등 다양한 경력의 라이더들이 자기만의 퍼포먼스를 보여주면서 호응을 얻고 있던 터였다.

무사히 1차 서류 심사에 통과했다. 이 공모전은 특이하게도 최소 3명의 팀원을 요구했다. 1차 선발 후 2차에 도전하는 팀들이 일정 기간 교육을 받고 다시 2차 심사를 받게 되는데, 이때 팀원들의 출석 결과도 점수에 가산했다. 작년에는 3명(그때까지만 해도 직장에 다니던 제임스와 외국인 친구 비니)이었음에도 1차 합격 후 받아야 하는 교육에는 혼자 출석했다.(제임스는 직장에 나가야 했고 비니는 한국에 도착하기 직전이었다.) 참 아쉬웠다. 가장 쉽게 딸 수 있는 출석 점수가 깎일 때마다 내 살이 깎이는 기분이었다.

이번에는 2차 심사 전에 진행하는 교육에 참여할 팀원도 넉넉했다. 어째 일이 좀 풀리는 느낌이었다. 그런데 열심히 교육에 참여하던 어느 날 해당 사무처로부터 어이없는 통보를 받았다. '아띠인력거는 이미 사업자등록증이 있어서 2차 심사 대상에서 제외될 수도 있습니다.'라는.

뒤통수를 한 대 맞은 기분이었다. 모집 공고를 꼼꼼히 숙지했고 사무처에 찾아가 충분히 알아보고 지원했다. 그러니 갑작스러운 통보는 날벼락으로 여겨졌다. 비니와 함께 일을 시작하고 2012년 8월에 '서울페디캡'이란 이름으로 사업자 등록을 해 놓았다. 처음 길거리에서 인력거를 몰 때 그나마 안전장치로 해 둔 건데(국내에선 아직 인력거 운행에 대한 제도적 장치가 없었던 까닭에), 그 일이 지금에 와서 발목을 잡을 줄이야.

계속 심사받고 싶으면 발표를 대표가 아닌 다른 팀원이 해야 한다는 어설픈 양해를 받고, 2차 최종 발표는 엠제이가 했다. 우려했던 대로 결과는 다시 탈락. 몸에 힘이 쏙 빠져나갔다. 애초에 지원 대상이 아니라 대표가 발표할 수 없다는 말을 미리 해 줄 것이지, 괜히 시간과 에너지만 낭비하지 않았나 하는 원망이 가득 찼다.

같은 공모전에서 두 번의 탈락, 그 이유는 각기 다른 듯했다. 첫 번째는 아직 한 번도 시도되지 않은 사업이어서 위험성이 크다는 것이었고, 두 번째는 이미 운영하고 있는 사업이라서 선정할 수 없는 셈이 돼 버렸다. 이 무슨 아이러니인가?

공모전 심사 때마다 듣는 심사위원들의 질문들도 여전했다. "도로에서 다녀도 돼요?" "이게 한국적인 건가요?"……. 매번 이런 종류의 질문밖에 들을 수 없는 아쉬움과, 새로운 것을 받아들이려 하기보다는 현실에 안주하는 기성세대의 문화에 실망이 더 컸다.

이런 일이 반복되니 실망의 늪은 깊어갔다. 혹시 이 사업 자체에 본질적인 문제가 있나? 발표에 설득력이 없었나? 별의별 생각이 다 들었다. 그런들 어쩌나, 우리는 서로를 다독이며 결과를 담담히 받아들였다.

도전기 3:
뻔한 질문, 뻔하지 않은 대답

공모전 실패는 여기서 끝나지 않았다. 2013년 6월과 7월, 우리는 SK행복나눔재단에서 주관한 '제8회 세상 사회적기업 콘테스트'에 참가했다. 이 공모전에서 내 건 기치는 '사회 가치와 혁신, 그리고 사회문제를 비즈니스 형태로 풀어가고자 하는 사람과 기업을 발굴하는 경연의 장'이다. 매번 그랬지만, 이번에도 우리를 위한 공모전이라는 느낌이 들었다. 뽑히면 지속적인 성장을 위한 지원을 받을 수 있었다. 우리는 먼저 실패를 거울삼아 신청서를 작성하는데 온 힘을 쏟았다. 우선, 주어진 양식에 따라 '문제 제기(해결하고자 하는 사회문제 및 가치 창출)' 항목에는 크게 세 가지를 제시했다. 첫째는 청년들의 경제적 자립, 둘째는 지역 경제 침체 및 특정 지역 관광 인구 과밀화, 셋째는 도심 속 쾌적한 이동 수단의 부재와 각박한 길거리 시민의식.

첫 번째로 제기한 문제에서는 아띠인력거가 여타 시간제 일거리에 비해 정당한 임금(라이더가 땀 흘린 만큼 버는)과 탄력적인 근무시간으로 본업과 겸업할 수 있는 일자리를 제공하고 있으니, 우리 나름의 해결책을 선보이고 있다고 판단했다. 두 번째 문제에 대한 해결책은 사실 우리 자신에게 무척 의미 있는 결과다. 아띠인력거가 지역 경제 활성화에 힘을 보탰구나 싶어서 말이다. 이게 무슨 말인가 하면…….

어느새 북촌 지역은 내외국인을 불문하고 인기 탐방 코스에 올랐다. 그러자 차츰 대형 자본이 투입된 상점들이 늘고 있고, 유동 인구도 그런 상점이 밀집해 있는 곳(예를 들어 삼청동)으로 유난히 쏠려, 이외 지역은 한산한 경향이 있다. 북촌으로 인력거를 타러 온 고객들의 감흥은 자연스레 소비로 이어진다. 초기에 아띠인력거는 북촌에서 2개의 관광 코스를 운영했는데, 삼청동보다는 비교적 인파가 적고 덜 알려진 원서동과 계동 길을 자주 다니고 있다. 그로 인해 북촌 일대 특정 상권 쏠림 현상을 완화하는 데 이바지했다. 이게 바로 아띠인력거와 지역사회가 상생하는 가치 아닌가.

세 번째 문제에 대한 해결은 우리의 의식적인 노력으로 이뤄 낸 결실이다. 아띠인력거 라이더는 초창기부터 '시선이 마주치는 모든 이에게 웃는 얼굴로 소리 내어 인사하기'를 생활화하고 있다. 이런 작은 실천으로, 라이더들은 그 일대에 사는 주민들에게 '긍정적 에너지를 발산하는 청년들'로 각인되었다. 삭막한 도심에서 자연 친화적인 도구를 이용하여 쾌적한 이동 수단의 역할을 하고 있음은 앞서 누누이 이야기해 온 바이고.

이 공모전에는 우리가 '지금 실행하고 있는 일'에 집중하여 그 일의 가치와 지속 가능함을 내걸었다. 이번에도 1차에서는 통과하고 최종 8팀에 뽑혀 결선 대회에서 경합을 벌였다. 결선을 앞두고 나는 골똘히 생각했다. 그동안 몇몇 공모전을 경험해 보니 정작 탈락한 건 그리 큰 문제가 아니었다. 그런데 심사위원들의 한결같은 질문에 대한 후유증이 꽤 심했다. 어쩌면 여러 공모전을 거치면서 그들의 뻔한 질문에 지쳤는지도 모르겠다. 새로운 아이템에 대해 열린 시각보다는 일단 경계부터 하는 질문들 말이다. "거리에 그런 게 다녀도 돼요?" "위험할 것 같은데요?" "사람들이 그런 걸 타려고 할까요?" "허가를 받았나요?" 등등.

그래서 나는 작정했다. 이번에도 그런 뻔한 질문이 나오면 뻔하지 않은 대답을 돌려줘야겠다고. 질문에 수동적으로 대답하기보다는, 내 생각을 강하게 전하겠다고 말이다. 사람들의 틀에 박힌 생각을 마구 흔들어 놓고 싶었다. 그 무렵 나는 내 생각과 비슷한 기사를 모두 모아서 팀원들에게 보내주었다. 아띠인력거의 구성원들 모두 나와 같은 생각을 공유하기를 원했기 때문이다.

드디어 결선 대회 그날, 나는 혹시나 하는 기대가 있었다. 그동안 많이도 들었던 그렇고 그런 질문 말고, 다른 시각의 질문이 나오길 고대했다. 또 심사위원들이 사회적 기업의 가치뿐 아니라 수

익을 어떻게 낼지에 대해 더욱 예리한 질문을 해 주기를 바랐다. 이 부분은 사업의 지속 가능성을 판단하는 중요한 요소이기 때문이다. 실망스럽게도 심사하는 분들은 여전히 비슷한 질문들만 던졌다. 나는 다른 때와는 달리 내 생각을 강한 어조로, 다소 감정적으로 질문에 응했다. '내가 보는 걸 왜 당신들은 보지 못하나요? 눈을 떠요!' 마음속으로 이런 생각을 하며 임하다 보니 발표하는 태도가 다소 건방져 보였던 것 같다.(나중에 같이 갔던 라이더한테서 들었다.)

아띠인력거는 최종 4개의 기업에 들지 못했다. 그렇지만 내 기분은 여느 때와 달랐다. 소신껏 발표한 데 대한 만족감이 들었다. 그곳에서 나는 또 다른 여러 편의 열정 드라마를 보았다. 콘테스트에 참여한 학생·주부·직장인 등 다양한 사람들이, 색다른 아이디어로 사회적 문제를 해결하기 위해 고군분투하는 모습에 감동을 받았다.

다행한 일이라면 연이어 탈락의 고배를 마시면서 사업의 목표가 좀 더 명확하게 정리되었다는 점이다. 기획안을 써야 하니 조사를 많이 해야 했다. 이미 하고 있는 일이지만 '비전은? 목표는?' 이렇게 자꾸 파고 들어가 글로 정리하니, 비로소 내가 하는 일이 제대로 모양새를 갖추어 가는 듯해서 뿌듯했다. 또한 팀원들과 회의를 많이 하면서 그들의 생각도 속속들이 알게 되고 두터운 정도 느낄 수 있었다.

도전기 4 :
드디어 운명적인 상대를 만나다

공모전에 떨어지면 떨어질수록, 내가 하는 일을 인정받
고 싶은 열망은 커져만 갔다. 인력거 일로 창업하겠다고 나설 때
많은 사람이 시대에 뒤떨어진 비현실적인 일로 치부했다. 그렇지
만 나는 자신이 있었다. 미국에서 경험한 일을 바탕으로 사업계획
서를 쓸 때도, 인력거를 사들여 운행하면서도 확신했다. 내가 하
는 일이 사업성뿐만 아니라 시대에 꼭 필요한 일이 되리라는……
2013년 들어서부터 공모전 준비하랴, 인력거 수리와 라이더 관리
하랴, 여기저기 취재 요청에 응하랴, 몸이 열이라도 모자랄 지경이
었다. 그런데 공모전에는 연거푸 떨어지고 사업 자금은 바닥을 보
이고……. 어떻게든 버텨야 한다고 마음을 다잡고 있던 무렵 운명
적인 상대를 만났다. 2013년 한국관광공사에서 주최한 '창조관광
사업 공모전'. 지금 생각해도 가슴 떨린다.

주최 측에서는 '창조관광사업'을 이렇게 정의했다. '기존 관광사업과 연계하여 창조성, 혁신성, 기술성 등을 기반으로 새로운 가치와 시너지를 창출하는 관광형 벤처기업을 육성함으로써 한국관광산업 경쟁력 강화 및 관광분야 일자리 창출을 위한 사업.' 창조 관광이란 단어가 왠지 우리가 하는 일과 밀접한 관련이 있어 보였다. 시상 내용도 여느 공모전 가운데서 가장 튼실했다.

"아, 이거야! 소개팅에서 이상형의 여인을 만난 것 같지 않아?"

함께 공모전을 준비한 제임스는 이렇게 실감 나게 표현했다. 이 대회는 사업자등록증 유무에 따라 A그룹, B그룹으로 나누었다. 아띠인력거는 다른 팀에 비해 턱없이 작은 규모임에도 불구하고 사업 경험자 그룹인 B팀에 지원해야 했다. 그래서 조금 불리하지 않을까 하고 걱정했는데, 결국 이상형의 여인은 우리의 프러포즈를 받아들였다.

그동안 주위에서 "너희는 안 돼."라는 말을 지겹도록 듣던 우리가 대상을 받은 것이다. 지금 생각해도 가슴이 먹먹해지는 감동적인 순간이다. 우리가 좋은 성과를 거둘 수 있었던 이유는 무엇이었을까? 아마 공모전의 성격에 부합하는 사업 아이템과 팀워크가 이뤄낸 결실일 거다. 그때 작성한 사업 계획 요약서 일부를 소개해 본다.

1. 창업 아이템

창업 아이템 소개 아띠인력거는 일제강점기 이후 우리나라에서 자취를 감춘 인력거를 젊은 감각으로 재해석하여 다양한 관광상품을 개발하고 이동 및 광고 수단 등으로 활용합니다.

관광 분야와의 관련성 인력거를 통한 여행은 도보여행이 가진 '느림의 미학'이라는 장점과 시티투어버스 등의 대중교통을 이용한 여행의 '편리성'과 '효율성'이라는 장점을 모두 갖춥니다. 인력거를 탑승한 승객은 자동차로는 갈 수 없는 골목의 구석구석을 다닐 수 있고, 인력거꾼(이하 라이더)의 1:1 안내를 통해 그 지역에 얽힌 역사적이고 흥미로운 이야기들을 쉽게 접할 수 있습니다.

2 창업 아이템의 독창성 및 타깃 고객

창업 아이템의 독창성 및 경쟁력 아띠인력거는 근대 이후 한국에서 최초로 인력거 서비스를 제공하기 시작하였다는 점에서 아이템 자체로 그 독창성이 보장됩니다. 또한, 라이더는 대개 20~30내 청년들로서 개중에는 영어와 중국어, 일본어 등 제2외국어에 능통하며, 역사학이나 국문학 등을 전공하거나 실제로 관광 서비스 직종에 종사하는 등 전문성을 갖춘 라이더들이 많습니다. 이는 아띠인력거가 다양한 국적을 가진 넓은 계층의 손님들에게 만족을 줄 수 있는 서비스를 제공할 준비가 되어있음을 증명합니다. 또한 아띠인력거는 현재 북촌·서촌 등지에서 운행되고 있는데, 본사의 관광 코스는 아띠인력거의 라이더들이 오랜 시간을 투자하여 자체 개발한 것입니다. 하지만 아띠인력거는 본사의 코스가 국내 최초의 인력거 투어 서비스라는 점에 안주하지 않고 새로운 코스를 지속해서 개발 중이며, 기존의 코스들도 승객이나 시간 등에 따라 탄력적으로 변화를 주기 위하여 노력하고 있습니다.

창업 아이템의 타깃 고객 아띠인력거를 이용하는 고객의 범위는 매우 다양하지만, 현재 주로 SNS 등 온라인이나 입소문을 통하여 알려졌기 때문에 주 타깃 고객은 여성, 그중에서도 인터넷을 활발히 활용하는 20~30대 젊은 층이라고 할 수 있습니다. 하지만 인력거라는 근대적 이동수단에 향수를 느끼는 중장년층, 인력거에 큰 호기심을 보이는 아이를 동반한 가족 단위 승객, 한국의 지리를 잘 알지 못하는 외국인들 등 승객을 포함하여, 인력거를 통한 상품 광고를 희망하는 광고주, 행사나 축제에 인력거를 통한 이벤트를 주최하고자 하는 지자체와 기업 등 향후 아띠인력거가 찾을 고객의 범위는 매우 클 것이라고 예상합니다.

3. 창업 아이템의 파급효과

한국 관광산업 발전에 대한 기여사항 아띠인력거는 국내 관광객에게 기존에 알려지지 않았던 서울의 관광 명소들을 안내하는 역할을 합니다. 국내 방송 프로그램 '1박 2일'에 알려지지 않은 관광 명소들이 방영된 뒤, 해당 관광지들이 연일 관광객들로 붐볐던 것처럼, 아띠인력거는 탑승한 관광객을 색다른 관광지로 이동시킴으로써, 기존 몇몇 쇼핑 중심지에 집중되었던 관광객을 다른 곳으로 분산시킵니다. 이는 관광 산업의 수익원을 다변화하고 해당 지역 상권을 활성화할 것입니다. 국외 관광객에게는 그동안 한국 관광 시 큰 불편사항이었던 '교통'과 '길 찾기'에 대한 훌륭한 대안을 제시합니다. 아띠인력거는 거리와 시간을 기준으로 하여 합리적인 가격에 교통 서비스를 제공합니다. 또한, 젊고 열정 넘치는 라이더들이 1:1 가이드 서비스를 제공하고 민간 외교관 역할을 하여 한국의 이미지를 크게 제고시켜 재방문을 유도할 것입니다.

일자리 창출 효과 2012년 8월에 사업자등록증을 내고 영업을 진행하고 있고, 상근 1명 비상근 라이더 약 20명으로 구성되어 있습니다. 라이더는 수시로 각 대학교 인터넷 게시판 공지와 지인 소개로 채용하고 있습니다. 인력 수요는 사업이 확장됨에 따라 비상근 근무 체제로 인력거 숫자 대비 3~4배의 인력을 확보해야 하는 인력거 사업의 특성 상 기하급수적으로 늘 것으로 예상합니다.

우리는 아띠인력거의 독창성, 즉 창업 아이템의 새로움 · 독특함 · 기발함을 강조했다. 또 한국 관광산업 발전에 이바지할 요소, 청년 일자리 창출 효과 등 아띠인력거의 차별화된 콘텐츠를 한껏 나열했다. 사실상 아띠인력거의 문화 콘텐츠는 잠재력이나 가능성에 머무는 게 아니라 현재 실행되고 있는 일이어서, 우리의 자산이기도 하다. 그래서 더 돋보이지 않았을까? 이 작업 또한 친구들이 있었기에 가능했다. 한결같이 내 곁을 지켜준 제임스, 그리고 양쏘와 엠제이. 처음엔 한 문장 쓰기도 버벅댔던 사업계획서도 자꾸 써보니 한층 치밀해졌다.

한참 후에 우연히 우리가 뽑힌 뒷이야기를 들었다. "사실 서류 점수는 낮았는데 최종 발표 심사 때 점수가 높아 대상 수상자로 결정된 것 같아요. 아띠인력거가 어느 기관의 도움 없이 자력으로 생각을 행동으로 옮겨 실현한 점, 자본과 경험이 부족한데도 사업자 등록증을 내고 팀원을 모집하고 정비해가는 실행력과 꾸준함. 이 두 가지가 발표 시간에 구체적으로 드러나서 높은 점수를 받은 것 같습니다. 수상을 못 해도 계속 인력거 사업을 해나가겠구나 싶었죠."

그날 발표 때, 나는 심사위원들의 사업 아이템을 바라보는 태도와 말에 새삼 용기를 얻었다.

"하루에 손님들이 몇 분이나 타나요?" "사람들의 반응은 어떤가요?" "인력거 아이디어가 신선하네요."

이전의 여러 공모전에서 심사위원들이 바라보는 태도와는 확연히 달랐다. 심사위원들은 인력거 사업을 '새로운 시도, 창의적인 일'로 봐 주었다. 여태껏 타박만 받다가 호의적인 반응을 대하니 가슴 속에서 뭔가 뭉클한 게 느껴졌다.

심사위원 중 한 분은 그 자리에서 사업을 발전시킬 수 있는 아이디어를 제시해 주기도 했다. 그 말이 얼마나 고마웠던지……. 그즈음 우리는 공모전 패배의 늪에 빠져 허우적거리고 있었는데, 창조관광사업 공모전 수상은 '다시 일어나!' 하고 기운을 돋워 주는, 오랜 가뭄 끝에 내린 단비 같은 선물이었다.

2
인력거로
세상과 소통하다 ......

아띠인력거 라이더 중에는
수줍음이 많은 자기 성격에 변화를 주고 싶어서 지원했다는 사람이 더러 있다.
그들이 인력거 일을 하면서 점점 사람들과의 소통을 즐거워하고,
그런 자신의 변화에 무척 뿌듯해 하는 모습을 많이 보았다.

영국에서 인력거의
구루(guru)를 만나다

　　창조관광사업 공모전에서 대상을 받은 우리는 사업 지원금과 함께 비행기 표 두 장을 받았다. 대상 수상자(팀의 경우 팀당 2명)에게는 열흘간 원하는 나라로 해외 벤치마킹할 기회가 주어진다. 나는 아띠인력거에서 상근하기 시작한 라이더 준과 유럽을 방문하기로 했다. 그 이유는 단 한 가지, 오랜 인력거 역사 속에서 축적된 그들의 비법을 전수받기 위해서였다. 한국에선 인력거 하면 흔히들 중국, 베트남, 인도를 떠올리기 마련이다. 그 나라의 인력거는 저소득층이 하는 일로 조금은 측은하게 보는 경향이 있다. 우리나라에서도 지금으로부터 약 100년 전 구한말 당시의 인력거 문화 때문에 인력거에 대한 인상이 그리 밝지는 않다. 현진건의 단편소설 「운수좋은 날」에 나오는 암울한 인력거 풍경도 한몫 단단히 한 듯하다.

미국 및 유럽의 도시에 널리 퍼져있는 자전거 인력거는 동양의 인력거와는 달리 뭔가 즐길 때 타는 '놀이'의 분위기를 풍긴다. 당연히 우리가 닮고 싶은 모델은 이런 선진국형 인력거이다. 미국에서는 직접 인력거를 몰아 봤으니, 이번에는 유럽의 인력거를 보고 싶었다.

인터넷에서 인력거를 뜻하는 단어인 '패디캡(pedicab)' 혹은 '릭샤(rickshaw)'를 검색해 보고 나서, 유럽에서도 영국의 인력거 산업이 가장 앞서 있다고 판단했다. 영국은 최초로 선진형 삼륜 인력거를 제작한 엔지니어가 있을 뿐 아니라, 인력거 사업이 가장 활발한 나라로 보였다. 특히 인력거가 많이 다니는 런던에서 다양한 인력거 문화를 체험할 수 있겠다 싶었다. 만나고 싶은 사람들은 많았지만 시간이 그리 넉넉하지 않아서 방문지를 고르는데 심사숙고해야 했다.

영국에서 가장 규모가 큰 인력거 회사인 '버그벅스(Bugbugs)'에 무작정 이메일을 보냈다. 놀랍게도 그 다음 날 바로 회신이 왔다. 그것도 사장인 프리델이 직접 보냈다. 그는 영국 인력거의 구루로 업계에서 명성이 자자한 사람이었다. 지구 반대편의 먼 나라에서 인력거를 배우고 싶어하는 청년들이 신기했던지 무조건 찾아오라는 내용이었다. 영국은 인력거 사업이 활성화되어 있다 하니, 하루라도 빨리 내 눈으로 확인하고 싶어 안달이 날 지경이었다.

두둥! 2013년 12월 1일 영국 히드로 공항에 발을 디뎠다.

공항에서 바로 기차를 타고 프리넬을 만나기로 한 역에 내렸다. 약속한 장소에 다다르자 저쪽에서 짧은 머리의 덩치 좋은 한 남자가 걸어와 반갑게 인사를 건넸다. 그가 바로 프리넬이었다. 비록 지구 반대편에 살지만, 같은 곳을 바라보고 걷는 동지라고 느꼈기 때문일까? 프리넬은 처음 보는 우리를 보자마자 꼭 껴안았다. 그러고는 마치 오래 알아온 친구인 양 자신의 이야기를 꺼냈다.

"원래 은행에 근무했는데, 짬짬이 했던 인력거 일이 아주 좋았어. 그래서 아예 은행을 그만두고 내가 일했던 인력거 회사를 인수하게 됐지. 그게 바로 버그벅스야."

그는 내가 가장 보고 싶어 했던 인력거 차고로 우리를 안내했다. 차고는 작은 다리 밑에 있었다. 높이 3m가량 되는 붉은색 문을 열었더니 마치 항만에 들어온 듯, 인력거가 양옆으로 80m가량 쭉 세워져 있었다. 1,000평쯤 되는 공간에 자전거들이 줄지어 서 있는 광경에 입이 떡 벌어졌다.

그는 쉴 새 없이 인력거에 관련된 이야기를 쏟아 내면서 우리에게도 이것저것 물어보았다. 역시 미국인이나 영국인이나 인력거 라이더들은 소통의 달인들이다. 프리넬은 효과음을 섞어 가며 재밌게 이야기를 풀어 갔다. 지금은 직접 인력거 운행을 하지 않지만, 예전에는 인기 있는 라이더였다는 말을 실감케 했다.

"인력거 사업은 라이더들에게 '할 수 있다'는 자존감을 되찾아 주는 일이야. 개개인의 숨은 잠재력을 발휘하게 해 주는 사업

(empowerment business)이라고나 할까. 라이더들이 돈도 벌면서 재미나게 일할 수 있도록 하는 게 가장 중요해. 즉 사람 관리가 중요한 사업이란 말이야. 운송 수단이니까 안전이 중요하다는 건 말할 것도 없고."

그의 이 말이 내 마음 깊숙이 와 닿았다. 아띠인력거 라이더 중에는 수줍음이 많은 자기 성격에 변화를 주고 싶어서 지원했다는 사람이 더러 있다. 그들이 인력거 일을 하면서 점점 사람들과의 소통을 즐거워하고, 그런 자신의 변화에 무척 뿌듯해 하는 모습을 많이 보았다.

열심히 얘기하던 프리델이 갑자기 어디로 휙 사라지더니 서류 뭉치를 한 아름 안고 돌아왔다. 버그벅스가 걸어온 길, 인력거 타기 전에 점검해야 할 리스트, 라이더 행동 규칙 등을 적어 놓은 서류들이었다. 회사 기밀일 수도 있는 문서를 아낌없이 보여주는 그의 모습에 우리는 정말 감동했다.

그뿐만 아니다. 그는 2박 3일 동안 자기 집에서 우리를 재워주며 끊임없이 인력거 사업에 대한 이야기를 풀어놓았다. 서울에 와서 녹음 파일을 열어 보니, 무려 20시간이 넘었다. 진정한 동지애가 아니고서는 상상하기 힘든 일 아닌가. 미국의 보스턴 페디캡 동료들에게서도 그렇고, 영국의 프리델 같은 사람에게서 나는 참 많은 것을 배우고 느낀다.

영국 인력거 시장의
빛과 그림자

　　자정 무렵 우리는 프리델을 졸라 인력거 운행이 가장 활발하다는 런던 소호 지역을 걸었다. 프리델이 나타나자 라이더들이 달려와 인사했는데, 그 모습을 보니 과연 그가 영국 인력거의 구루라는 게 헛말이 아니었다. 전날 우리끼리 돌아다녔을 때는 가끔 2~3대 정도 보이던 인력거도 프리델과 함께 다니니 100대 넘게 모이기 시작했다. 스테레오를 장착해 베이스가 쾅쾅 울리는 인력거, 할리 데이비드슨 같은 프레임을 가진 신기한 모양의 인력거, 네온으로 휘황찬란하게 꾸며놓은 인력거…… 화려하고 활력이 넘쳐 보였다. 설치가 금지된 전기모터를 달고 거리를 역주행해 달리는 인력거도 있었다. 그런 위험천만한 인력거를 볼 때마다 프리델은 "전기모터 빼!"라고 소리를 질러댔다.

　　런던의 인력거는 관광객보다는 웨스트엔드에서 뮤지컬을 보고 나오는 인파들과 밤 문화가 번성한 소호 등에 즐기러 나온 사람들이 주로 탔다. 런던은 등록된 택시의 수가 약 2만 대로, 7만 대를 넘는 서울 택시 수의 3분의 1밖에 되지 않았다. 그러니 대중교통이 끊기는 밤(평일 12시 전후, 주말 11시)에는 택시 품귀 현상이 빚어질 수밖에 없다. 그만큼 런던의 인력거는 택시를 대신하는 귀한 교통수단인 셈이다.

영국은 사람들의 노동력에 대한 가치를 높게 쳐주는 데다 택시비가 비싸서인지, 라이더들은 인력거 요금을 제법 후하게 받는다. 그래서 영국에서는 많은 라이더들이 돈을 벌기 위해 주로 저녁 9시부터 다음 날 새벽 4~5시까지 운행했다. 라이더도 95%가 이민자라고 했다. 인력거를 처음 접했던 보스턴과는 완전히 다른 모습이었다. 오히려 생계형 라이더들이 많은 뉴욕이나 맨해튼과 더 닮아 보였다.

프리델은 우리에게 14년이 넘는 라이더 경력을 가진 사라를 소개해 주었다. 그는 이 차고에 소속된 인력거 정비사 3명 중 가장 뛰어난 실력을 갖춘 라이더라고 했다. 버그벅스에는 사라 외에도 여자 라이더가 두 명 더 있었는데, 인력거 운행 경력이 만만치 않았다. 더 놀라운 건, 건장한 남자가 들기에도 무거운 자전거를 가뿐히 들고서 프리델과 편한 얼굴로 주거니 받거니 이야기를 나누는 모습이었다. 한 여자 라이더는 폐타이어 등의 재활용으로 자기 스타일의 옷을 만들기도 했다.

그들에게서 나는 진정 자기 인생을 즐기며 사는 모습을 엿볼 수 있었다. 사라는 영국 인력거의 과거와 현재를 넘나드는 생생한 이야기를 들려주었다.

"궁금한 거 뭐든 물어봐."

"원래 무슨 일을 했는지 물어봐도 돼요?"

"물론. 전직 사이클 선수였어. 10년 전만 해도 손님이 타면 『햄릿』의 「독백」을 읊으며 낭만을 즐겼지. 누군가 하는 일이 뭐냐 물어보면 자랑스럽게 인력거 일을 한다고 했던 시절이었어."

"그때는 지금과 분위기가 많이 달랐나 봐요?"

"15년 전 삼륜 자전거 인력거가 처음 등장했을 때는 라이더 대부분이 영어를 원어로 쓰는 영국, 호주, 뉴질랜드, 남아공 사람들이었지. 주로 낮에 다니면서 새로운 개념의 친환경 서비스를 제공하는 밝은 이미지였어."

"지금은 조금 다른 것 같은데요?"

"많이 달라졌지. 지금은 내가 인력거 일을 한다고 어디 가서 말하기가 좀 꺼려지기도 해. 기술이나 자본 없이도 시작할 수 있으니 폴란드, 터키, 콜롬비아, 방글라데시 등에서 온 이민자들이 몰게 됐어. 그러다 그 나라에서의 습관처럼 바가지요금이나 무질서한 인력거 운행이 나타나기 시작했지. 그렇게 되면서 런던의 인력거는 점점 양지에서 음지로, 낮에서 밤으로 활동 무대가 옮겨진 거야."

소호에서 내가 느낀 모습도 사라의 설명과 크게 다르지 않았다. 더 충격적인 사실은 클럽이나 바 등 야간 업소에서 라이더들이 데려오는 손님 수만큼 소개비를 받는 것은 물론이고, 심지어 매춘업계와도 결탁해 성매매 종사자들과 매출의 절반을 나누기도 한다고 했다. 사라가 15년 전을 그리워 할만도 했다. '한순간에 저렇게 될 수도 있겠구나!' 싶어 정신이 번쩍 들었다.

어떡하다 저렇게 됐을까, 안타까운 마음이 들었다. 그날 저녁 거리에서 만난 라이더들을 유심히 살펴보니 사라 말대로 대부분 이민자로 보였다. 그들로서는 비교적 진입 장벽이 없는 인력거 일로 하루하루 벌어야 하는 사정이 절박할 것이다. 관리하는 직원에 비해 라이더가 너무 많은 것도 문제로 보였다. 인력거 회사나 라이더 모두를 위해 적어도 한 업체에 인력거 50대 이상은 넘지 않아야 할 것 같았다.

프리델 집에서 런던의 마지막 밤을 보내며 마음이 복잡했다. 아띠인력거를 지금처럼 깨끗하고 밝은 양지에서 유지하는 것. 이게 바로 미래의 도전이 될 것 같았다. 그렇게 진지하고 뜨거웠던 영국에서의 밤이 저물어 가고 있었다.

프랑스의 인력거에서
만난 똘레랑스

유럽 탐방 일정 중 영국에서 닷새를 프랑스에서 나흘 머물기로 했다. 영국에서 의미있는 시간을 보내고 프랑스 드골 공항에 도착했다. 우리의 관심사는 여기서도 역시나 인력거! 원래는 파리 곳곳의 인력거 문화를 둘러보고, 프랑스 인력거의 70% 이상을 만든다는 리옹에 있는 한 제조사를 방문할 계획이었다. 3박 4일 중 파리에 도착하고 출국하는 이틀을 빼면 움직일 수 있는 시간은 40시간 남짓. 하필 가는 날이 장날이라고 리옹에 가려던 날은 세계 3대 축제 중 하나로 불리는 '빛의 축제'가 열리는 날이었다. 축제에 주말까지 겹쳐서 우리가 이용할 수 있는 유일한 교통수단인 테제베(TGV) 비용은 상상을 초월할 만큼 비쌌다. 아쉽지만 리옹의 제조사를 찾아가는 일정을 포기하고 파리에서 열심히 인력거를 살피기로 했다.

파리에 도착하자마자 코미디 같은 일이 생겼다. 영국에서 여기저기 부지런히 쫓아다니다 보니 제대로 끼니를 챙길 여유가 없었다. 배에서 신호를 보내면 길거리에서 대충 패스트푸드로 때우는 일이 다반사였다. 마지막 날 밤에는 프리델의 집에서 그의 열정적인 얘기를 듣느라 씻지도 못하고 잠시 눈을 붙이고 새벽에 나왔다. 빨리 프랑스 인력거 사업의 현장을 보고 싶었다.

제대로 먹지도 씻지도 못한 우리의 몰골이 어떤지, 우린 몰랐다. 그런 채로 프랑스 파리로 와서 곧바로 인력거가 있을만한 관광지로 향했다. 샹젤리제 거리에 도착한 우리는 잠시 한숨을 돌리고 있었다. 둘 다 땅바닥에 주저앉아 마침 나는 통화 중이었고 함께 간 준은 지나가는 사람들을 구경하고 있었다. 바로 그때 프랑스 사람인 듯 보이는 한 신사가 우리를 향해 걸어오더니 잔돈을 쥐여주려고 했다. 순간 준은 멈칫하며 당황하면서도 정중하게 사양했다. 우리가 노숙자로 보였나? 으하하. 우리 둘은 서로 쳐다보며 한참 동안 배를 잡고 웃었다.

프랑스는 주로 관광지 근처에서 인력거들을 많이 볼 수 있었다. 샹젤리제 거리, 콩코드 광장, 루브르 박물관 근처, 노트르담 사원 등에서 인력거들이 손님들을 기다리고 있었다. 특이하게도 라이더의 70~80%가 동유럽 사람들이었다. 우리는 이리저리 다니다가 한 라이더를 무작정 붙들었다. 영어와 불어를 섞어, 손짓 발짓을 해 가며 '당신네 인력거 회사 사장을 만나고 싶다'고 했다. 우리가 무척 열

성적으로 보였던지 그가 사장의 휴대전화 번호를 적어 주었다.

나는 그가 알려준 번호로 전화를 걸어 내 소개를 하고 다짜고짜 만나고 싶다고 했다. 인력거 회사 사장은 흔쾌히 내일 세인트절메인으로 오라고 했다. 나의 당돌한 부탁이 예의 없게 느껴질 수도 있었건만, 고맙게도 그는 전혀 개의치 않는 목소리였다.

다음 날 그가 알려 준 곳으로 가 보니 그곳은 인력거 지하 주차장이었다. 사장은 불가리아 사람이었는데 영어를 무척 잘해 의사소통에 전혀 문제가 없었다. 그는 젊은 시절 인력거로 유럽 대륙을 여행했던 이야기며 가는 나라마다 자국 대사관에서 재워줬다는 이야기며, 고향인 불가리아에 가면 항상 언론 인터뷰를 할 정도로 유명인이라는 자부심이 느껴지는 말을 늘어놓았다.

"이전에는 불가리아에서 인력거 회사를 운영했어. 흑해 알지? 불가리아도 멋진 관광지가 많거든. 하지만 불행하게도 마피아가 많아서 목숨을 걸고 영업해야 할 정도였어. 거기서 자리를 잡았는데 어쩔 수 없이 파리로 왔어. 이곳 프랑스에서 인력거를 끄는 라이더들은 주로 동유럽에서 온 이민자들이야. 그래서 불어가 서툴러서 손님들과 대화를 나누기보다는 주로 관광지를 돌며 풍경을 보여주는 식으로 해."

그는 불쑥 자신의 사업 계획을 설명했다.

"요즘 브라질 월드컵 난리잖아? 브라질 가서 인력거 해 볼까 해. 인력거 분해하면 몇십 대도 컨테이너에 다 들어가니까, 충분히 가능하다고 봐. 라이더는 현지에서 구해도 되고 말이야."

나는 그의 말을 들으며, 대륙의 정신은 다르다는 생각이 들었다. 그런 모험적이고 개척적인 사고를 한다는 것 자체가 대단하게 느껴졌다. 그와의 짧은 만남을 뒤로 하고 무작정 프랑스 시내를 돌았다. 인력거가 있는 곳이라면 발 닿는 대로 찾아가 보았다. 프랑스 인력거는 다른 나라의 인력거에 비해 디자인이 아주 멋졌다. 삼성이나 블랙베리 같은 기업 광고를 부착한 인력거도 심심치 않게 볼 수 있었다.

한편, 의아한 점도 있었다. 영국의 인력거는 인도로 절대 올라가지 않는다. 보스턴에서도 정해진 곳이 아니면 올라가지 않는다. 그런데 파리에서 본 인력거는 아무렇지 않게 인도로 올라가 주행을 하기도 했다. 처음에는 '이곳은 법이 강력하게 집행되지 않나?' 하고 의아했다. 며칠 지내보니, 프랑스의 문화에서 비롯된 운행 습관인 것 같았다. 프랑스는 대부분 차가 과속하지 않는 듯 보였다. 또 사람이 보이면 무조건 차가 먼저 섰다. 미국도 웬만한 도시는 보행자 중심의 문화가 있지만(뉴욕 같은 대도시는 예외지만) 파리는 좀 색달랐다. 다른 사람에게 피해를 주지 않는 상황이라면 인력거 운행도 융통성있게 할 수 있는 것이다. 단, 보행자들이 있어서 그들에게 피해를 줄 상황이라면 인력거가 올라가지 않았다.

언뜻 프랑스인 친구가 한 말이 떠올랐다. 프랑스 사람들은 법이나 규정을 곧이곧대로 지키지 않고 개인의 취향에 따라 융통성 있게 행동하는 경향이 있고, 그러다가 사고가 날 경우 본인이 책임을 지는 문화라는 것이다. '타인의 생각과 행동을 존중하면서 나의 생각과 행동을 존중받는다'는 프랑스의 똘레랑스가 이런 것이구나 싶었다.

파리에는 무척 고마운 친구가 살고 있다. 프랑스 소녀 클레어. 2013년 8월 어느 날, 한 방송사에서 뉴스 촬영을 나온 적이 있다. 기자는 외국인 손님을 태우는 모습을 찍다 싶다고 하여 창덕궁 앞에서 길거리 섭외를 했다. 섭외에 성공한 사람은 한 달 동안 홀로 한국을 여행 중이었던 클레어. 우리의 사정을 이야기하자 클레어는 매우 반가워했다. 클레어와 기자를 인력거 두 대에 나눠 태우고 원서동 빨래터에서 가재도 잡으며 즐겁게 촬영을 마쳤다.

그렇게 한여름의 멋진 추억을 안겨준 클레어를 파리에서 만나기로 했다. 우리의 계획을 들은 클레어는 두말할 것도 없이 도와주겠다며 나섰다. 그녀의 친구이자 한국을 좋아하는 아델도 합류하기로 했다. 영어가 잘 안 통하는 프랑스에서 천군만마를 얻은 기분이었다.

프랑스 대학에서
아띠인력거를 이야기하다

　　파리에서 클레어를 다시 만나게 되다니! 서울에서 만났을 때, 대학에 가서 한국어를 전공하겠다고 하더니 정말 그렇게 하고 있었다. 클레어의 친구 아델은 원래 고향에 있는 대학에서 한국어를 공부했는데 갑자기 학교에 한국어과가 없어졌다고 한다. 그래서 파리에 있는 프랑스 국립 동양어문화대(INALCO)로 옮겨와 한국어와 한국학을 공부하고 있었다. 그토록 한국을 좋아하는 친구들이다. 그들의 집에 초대받아 방문했을 때 나는 책장에 꽂혀 있는 책들을 보고 깜짝 놀랐다. 한국 소설 그리고 프랑스어로 된 한국의 역사 · 문화 · 정치 · 사회 관련 책 심지어 한국에선 보기 힘든 북한 소설까지 여러 권 있는 게 아닌가. 그저 한류 바람을 타는 외국인으로 치부하기에는 미안한 생각이 들었다. 클레어와 아델에게 한국 문화를 접하게 된 계기를 조심스럽게 물었다.

"영화, 드라마, 음악 같은 대중문화를 통해 처음 접하게 됐어. 그러면서 자연히 한국이라는 나라에 관심을 두었고 한국어에도 매력을 느껴 한국학을 공부할 수 있는 대학을 선택하게 됐지."

쉽지 않은 결정이었을 것 같았다. 외국어를 배운다고 하면 우선 실용성부터 따지는데 한국어가 영어같이 두루 통용되는 언어도 아니고, 그저 그들은 한국의 문화를 더 깊이 느끼고 싶어서 한국어에 다가간 것이다. 클레어와 아델의 순수한 열정이 기특해 보였다. 미국에서도 현대 동양 문화에 관심 있는 친구들을 종종 보았다. 그런데 그들은 주로 일본의 20세기 이후 대중문화나, 전 세계에 퍼진 화교를 통해 동양 문화를 접하다 한국에까지 관심을 두게 된 경우가 대부분이었다.

어쨌거나 세계적으로 한국과 한국어에 대한 관심이 커진 이유는 2000년대 이후 비약적인 인기를 끌고 있는 대중문화의 영향일 것이다. 그렇다 해도 프랑스나 미국에서 아시아권 대중문화에 열광하는 사람은 여전히 비주류에 속한다. 클레어와 아델이 대학 전공을 한국어로 선택하기까지의 여정이 수월하지 않았을 것 같아서 더 물었다.

"가족들이 한국을 잘 모르니까 처음엔 내가 이상한 길로 빠지는 건 아닐까 하고 걱정이 많았지. 이젠 내가 진심으로 한국어와 문화를 좋아하는 걸 인정하고 지지해주고 있어."

그들의 이야기를 듣고 있으니 신기하게도 우리가 한배를 타고 있다는 느낌이 들었다. 자기가 좋아하는 문화를 알고 싶어서 남들이 보기에 별 쓸모없는 한국어를 배우는 그들과 '그런 일 하려고 유학까지 다녀왔느냐'는 소리를 들으면서 좋아하는 일을 하는 나.

신기한 일은 또 있었다. 파리에는 아는 형이 한 분 있었는데, 클레어와 학교 얘기를 나누다가 내가 아는 그 형이 바로 그 학교에서 한국어를 가르치고 있는 '최 교수'란 사실을 알게 되었다. 참으로 세상은 넓고도 좁다. 반가운 마음에 무턱대고 연락을 했다. 클레어와 아델과 함께 간 우리를 보고 정우 형은 우리만큼이나 놀랐다. 그 후 이틀 동안 아띠인력거의 파리탐방팀에는 세 사람이 더해졌다. 클레어와 아델 그리고 정우 형. 그들은 우리와 함께 파리 시내 곳곳을 같이 다녔다. 출국을 하루 앞둔 날, 형이 뜻밖의 제안을 했다.

"내일 한국어 강의 시간에 특강을 해 보는 게 어때? 학생들이 무척 좋아할 것 같아서 말이야."

프랑스 국립 동양어문화대 한국어과 학생들에게 특강을 해 달라는 요청이었다. 나로선 무척 기쁘고 들뜨는 일이었다. 아델의 도움을 받아 프랑스어로 자기소개 문장을 연습했다. 출국 6시간을 앞두고 강의실에 들어서자, 40~50명 정도의 학생들이 꽉 차 있었다. 모두 프랑스인들이라고 했다. 프랑스에 와서 한국을 사랑하는 프랑스인들 앞에서 강연하다니…… 세상은 재밌고도 신기한 곳이다. 프랑스어로 더듬더듬 나를 소개하고 한국어와 영어를 섞어가며 강연을 시작했다.

"프랑스에서 한국어와 한국 문화를 배운다는 것은 흔치 않은 선택이라고 들었습니다. 사회적으로 봤을 때 소외되는 느낌도 있을 거로 생각합니다. 어쩌면 조롱을 받을 수 있는 상황에서도 자신이 하고 싶은 일을 한다는 사실에 존경을 보냅니다. 사실은 저도 한국에서 사람들이 하지 않았던 일을 선택해서 해오고 있기 때문에 그 느낌을 잘 알고 있습니다. 변방에서, 좋아하는 일을 한다는 점에서 여러분이나 나는 동지가 아닐까요?"

내 이야기가 너무 진지했던지 분위기가 숙연해졌다. 분위기를 바꾸기 위해 광고를 패러디한 아띠인력거의 동영상 광고를 틀었다. 여기저기서 웃음소리가 막 터져 나왔다. 나는 인력거를 시작하게 된 계기와 과정 그리고 우리의 주 무대인 북촌을 이야기했다. 그리고 마지막으로 덧붙였다.

"대학에서 한국어와 한국학 전공이라는 쉽지 않은 결정을 내리고 공부하는 여러분 모습에 한국인으로서 무척 고맙습니다. 저는 무엇보다 자신이 좋아하는 일이라면 누가 뭐래도 끈기 있게 이뤄나가는 것이 진짜 인생이라고 생각합니다."

어느덧 길게만 느껴졌던 40분 여분의 시간이 훌쩍 지났다.

행복은 나누고,
재미는 쌓이고

이 일을 하며 참 많은 사람을 만났고 다양한 경험을 했다.
한 가지는 확실히 말할 수 있다. 삶에 대한 성취감이 학교나 회사에 다니며
반수동적인 환경에 있을 때 맛보았던 것과는 차원이 다르다는 것.
창업으로 얻는 성취감과 짜릿한 묘미는 경험하지 않으면 모른다.

행복하냐고?

친구: "요 브라더"

나: "요"

친구: "행복하냐?"

방송국에서 일하는 친구에게 문자가 왔다. '회사를 나왔나, 뭐지?' 친구와 통화를 했다. 3년 차 피디인 친구는 자신도 회사(방송국)를 졸업하고 뭔가 자기 일을 하고 싶다며 먼저 도전한 나의 경험을 물었다. '나만 그런 게 아니구나' 하는 생각에 위안도 되고 또 친구와 조금이나마 내 경험을 공유할 수 있어서 기분좋았다. 창업 초기에 나도 이렇게 언제라도 묻고 싶은 것을 물어볼 수 있는 친구가 있었더라면, 하는 생각도 들었다. 문득 몇 해 전 일이 떠올랐다. 친구가 방송국 예능 피디가 되고 싶다며 보여준 시사 상식 문제집, 그 후 신입 피디 시절 인터뷰 찍는 거 도와준다고 같이 다녔던 이태원 밤거리. 방송 현장을 좋아하고 열정적이던 그의 모습이 생각났다. 친구는 교양 프로그램을 해오다 요즘은 꽤 유명한 예능 프로그램에 참여하고 있다. 그렇게 바랐던 예능 프로그램의 피디가 되었는데 지금 그의 마음은 방송국을 떠난듯 했다. 늘 의미 있는 일에 대해 고민하던 친구이기에, 그 마음을 충분히 이해할 수 있었다.

화이트칼라 청년들이 블루칼라잡에 도전해 행복과 성공을 동시에 거머쥐는 브라운칼라 열풍이 몰려오고 있다. 유럽 등 선진국에서 일어난 그 바람이 한국적인 상황에도 적용될 수 있을까? 한국에서는 여전히 넥타이에 정장 차림의 대기입 직장인이 성공한 취업의 표본으로 여겨지고, 오랜 역사 속에서 사농공상의 신분질서가 유구하게 이어져 왔기 때문이다. 그러나 우리나라에도 그 오랜 전통과 편견을 깨고 당당하게 브라운칼라를 달겠다는 젊은이들이 하나둘 생겨나고 있다.'

– 『김난도의 내일』, 김난도, 오우아

김난도 선생님은 그의 책에서 '고달픈 노동의 상징이었던 직업을 또다른 꿈의 직업으로 바꾼 용감한 청년 (……) 브라운칼라의 대표주자로 행복한 성공을 향해 달려가고 있다'고 아띠인력거와 나를 소개했다. 지금 내가 하는 일이 행복한 성공일까?

나는 행복한가?

쉽게 대답할 수 있을 줄 알았는데 "응, 나 정말 행복해."라고 말하는 건 생각보다 어려웠다. 친구한테서 그 질문을 받았을 때 나는 행복의 정점에 있지는 않았지만, 최소한 이 정도 말할 수는 있었다. 이 일을 선택하고 한 번도 후회한 적 없고, 삶의 만족도나 동기 부여도 그 어느 때보다도 높다고. 무언가 하늘을 우러러 부끄럼이 그 어느 때보다도 덜하다고.

무엇보다 내가 도전했던 일 내가 하고 싶었던 일을 계속 할 수 있는 상황이 감사하고 좋다. 영국의 전설적인 록 그룹 '비틀즈(The Beatles)의 폴 매카트니는 일흔 넘은 나이에 지금도 곡을 쓰고 세계를 누비며 공연하고 있다. 그가 이렇게까지 할 수 있는 건 음악에 대한 열정과 그 일이 정말 즐거워서 아닌가 싶다.

You Only Live Once.

어느 날 우연히 유튜브에서 The Lonely Island의 〈You Only Live Once〉라는 뮤직비디오를 보았다. 아, 저거다 싶었다. 아띠인력거를 몇 글자로 정의하고 싶었던 말. 인력거를 타는 모습을 보여주며 함축적으로 전하고 싶었던 메시지! 이 말을 항상 기억하고 느낄 때 행복한 인생, 살고 싶은 인생에 대한 방향이 좀 더 뚜렷이 보이지 않을까.

땀 흘려 버는
무거운 돈

아띠인력거는 라이더들의 자발적인 열정으로 굴러간다. 그렇지만 라이더들의 열의에만 기대기보다는, 그들이 일한 만큼 제대로 대가를 받게 히는 구조를 만드는 게 중요하다고 생각한다. 창업 초기에는 라이더들에게 돈을 많이 주는 것이 최상의 방법이라고 믿었다. 그러다 여러 시행착오를 거치면서, 라이더와 회사가 나누는 비율의 균형이 중요함을 깨달았다. 회사가 안팎으로 안정적인 모습을 갖추어야 많은 손님을 맞이할 수 있고, 그래야 라이더에게 일 할 기회가 더 많이 주어질 테니 말이다. 처음 비니와 둘이서 시작했을 때는 팁 제도를 시도했다. 보스턴에서처럼 자연스럽게 손님들의 가슴에서 우러나오는 돈을 받고 싶어서였다. 손님들의 반응을 보면서 차차 다양한 방법을 시도해 보기로 했다. 그런데 문화적 차이로 인한 괴리는 생각보다 컸다.

많은 분이 돈을 내밀기 어색해 했다. 돈 대신 커피나 먹을거리를 주는 경우가 많았다. 우리에게 인력거 일은 생업이라 돈을 벌어야 했는데…… 고민 끝에 방법을 바꿨다.

인력거 한 편에 주머니를 달아놓고는 "얼마예요?" 하고 묻는 손님들에게 "주머니에 성의껏 넣어주세요." 했다. 그것도 썩 나은 방법은 아니었다. 요금을 딱 정해두지 않으니 손님들도 '얼마를 넣어야 하나?' 고민하는 표정이 역력했다. 주머니를 열어보니 한 시간 운행에 몇천 원부터 1만 원까지, 다양했다.

2012년 여름부터 겨울까지 그런 방식으로 적정 요금을 정하기 위한 탐색전을 벌였다. 그러다 2013년 1월부터 요금을 코스당 2만 원으로 정하게 됐다. 요금제가 확정되고 규칙적으로 나오는 라이더도 몇 명 모이자 라이더와 회사가 나누는 비율을 7:3 방식으로 했다. 그렇게 2013년 8월까지 이 비율을 유지했다. 아무래도 초창기다 보니, 좋은 라이더들을 채용하려면 가능한 한 일의 대가가 만족스럽게 여겨지게끔 배려하고 싶었다.

2013년 3월부터 인력거에 전화번호를 붙이는 등 적극적인 홍보와 함께 때마침 언론에 많이 노출되어 손님이 늘기 시작했다. 매출도 동반 상승했다. 여기서부터 나의 합리적이지 못한 방식이 문제점을 드러냈다. 차고 월세, 인력거 수리비 등 고정적으로 지출해야 하는 경비를 제하고 나면 회사에 적립되는 돈은 거의 바닥 상태였다. 나는 나대로, 인력거 몰아야지 안살림해야지 여기저기 매스컴

대응해야지 몸이 열이라도 모자랄 지경이었는데, 내 임금은 열심히 뛰는 라이더가 가져가는 것보다 적었다. 분명 회사 경영에 뭔가 문제가 있다는 거였다. 이대로 가다가는 경영에 적신호가 켜지겠다 싶었다.

당시에는 아띠인력거가 시급하게 처리해야 할 문제가 있었다. 사무를 볼 공간을 구해야 했던 거다. 인력거 차고에서 업무를 처리하다 보니 정리해야 할 서류나 라이더 정산 작업 등 차분히 앉아서 정리해야 할 업무가 뒤죽박죽이었다. 그동안 내가 해 왔던 안살림을 맡아 줄 인력을 채용하고 라이더들이 정산하면서 일과를 나눌 공간이 필요했다.

자금이 절실했다. 그날그날의 매출 현황을 살펴보니 다행이 꾸준히 늘고 있었다. 라이더와 회사가 나누는 비율을 조정해야 할 시점이라는 판단이 들었다. 그런 저간의 상황을 라이더들에게 설명했다. 그리하여 라이더와 회사가 나누는 비율을 주말은 6대 4로 주중은 8대 2로 조정하기로 했다. 주중에 라이더에게 80%를 안겨주는 방법으로 대폭 상향 조정을 한 이유는, 회사의 매출을 올리면서도 주중에 일하는 라이더를 모으기 위한 전략적인 선택이었다.

2013년 여름, 고민 끝에 인력거 1시간 투어 가격을 1인당 2만 5천 원으로 올리기로 했다. 더불어 라이더들에게도 앞으로 사납금 비율이 회사 재량으로 바뀔 수 있다는 점도 설명했다. 고맙게도 다들 이해해주었다.

인력거는 참으로 여러 가지를 가르쳐준다. 조직이 있어야 개인이 있는 듯하면서도 개인이 있어야 조직이 운영되니 말이다. 나는 한국의 경제 규모와 비교하면, 영업의 최전선에서 일하는 사람들에 대한 인건비가 매우 낮은 편이라고 생각한다. 무형의 가치를 창출하는 서비스업일수록 더하다. 고용주만의 문제가 아니다. 무형의 가치를 잘 포장하지 못하는 기업과 비싼 값을 지급하지 않겠다는 소비자, 거기에 맞추어 낮은 인건비를 제공하는 고용주의 삼중주로 만들어 낸 결과물이다.

바로 이 삼중주에 불협화음을 일으키고 싶었다. 인력거 투어의 가치를 소비자에게 잘 전달하여 적정 수준의 요금을 받고, 라이더는 여느 시간제 일보다 더 많은 금액을 버는 구조를 만드는 일이다.

어느 날 1년 남짓 인력거를 끌어 온 라이더가 나에게 통장을 보여주었다. 통장에 찍힌 액수를 보니 '와!' 하는 소리가 절로 나왔다. 인력거 일로 번 돈을 따로 모으는 통장인데, 그 돈은 쉽게 쓰지 못하겠더라는 얘기를 했다. 땀 흘려 번 돈의 무게감 때문이 아닐까? 나는 이런 이야기에서 힘을 받고, 이 일을 지금까지 계속 해올 수 있다.

별별 홍보 마케팅

"저게 뭐지?" "저런 거 왜 타지?" 하던 사람들이 아띠인력거를 찾기 시작했다. 평일에는 한 푼도 벌지 못했던 날이 바로 엊그제 같은데, 이젠 평일에도 우리를 찾는다. 주말에는 예약하지 않으면 원하는 시간에 타기 힘들 정도가 되었다. 아띠인력거가 알려지니 생각지도 못한 일이 점점 많이 생긴다. 여기저기서 함께 뭔가 해보자는 제안이 들어온다. 제안서를 들고서 여수로 서울시로 막 뛰어다녔던 때가 불과 엊그제만 같은데, 기분이 묘했다. 제안해 오는 내용을 보면 미처 내가 생각지 못한 일도 있어서, 일을 시작하기도 전에 가슴이 막 흥분되기도 했다. 아띠인력거에 홍보 마케팅 아이디어를 입힌 공동 작업은 우리에게 새로운 재미와 가능성을 안겨주었다. 재미있고 의미도 있었던 여러 작업 중에서 몇 가지만 소개해 본다.

2013년 3월, 군산시 관광과에서 한 통의 전화가 왔다. 군산 원도심에서 크고 작은 축제들이 열릴 예정인데 아띠인력거가 와주면 좋겠다고 했다. 축제의 목적은 근대 역사 문화 유적이 남아 있는 군산의 원도심 활성화로, 담당자가 우연히 텔레비전에서 아띠인력거를 보고 '바로, 저거다!' 하고 무릎을 쳤다고 한다.

군산은 일제강점기 수탈의 현장이 그나마 보존된 편이라 그 시대 정취를 느낄 수 있는 독특한 매력이 있는 곳이다. 축제 담당 공무원은 그 시절 추억거리를 떠올렸고, 인력거는 군산의 역사성과 썩 어울리는 도구일법 했다. 사실 축제를 앞두고 군산시에서 준비한 인력거(사람이 끄는 옛날 인력거)가 있는데, 실제로 사람을 태우고 다니기에는 한계가 있다고 했다. 우리에게 우선 3월에 열린 작은 규모의 축제(2013 느낌 군산 두레누리 축제)에서 시범 운영을 해보고, 10월에 열릴 큰 규모의 축제 때 본격적으로 운행해주기를 바랐다.

막상 3월 축제 때는 아쉬움이 있었다. 행사 기간에 비도 오고 찬바람도 많이 불어서 참여 인원이 많지 않았다. 그래도 우리를 본 시민들이 하도 반가워해서 그들에게 새로운 즐거움을 선사한 데 의미를 두었다. 그때 함께 인력거를 몰았던 양쏘와 제임스 그리고 나는 새로운 공간에서 인력거 운행을 한다는 사실만으로도 기분이 좋았다. 이런 즐거움은 당연히 우리를 10월에 있을 더 큰 규모의 축제로 이끌었다.

더운 여름이 지나 10월이 오기 바로 전. 우리는 트럭에 인력거

두 대를 싣고 축제가 열릴 군산 월명동으로 향했다. 축제의 이름은 '2013 군산 시간 여행 축제'. 행사 기간은 3일이지만 축제 전부터 한 달 동안 군산 곳곳을 돌며 축제를 홍보해주기로 하였다. 축제 3일 동안은 서울에 있던 나머지 인력거도 모두 군산으로 총출동했다.

시민들의 반응은 뜨거웠다. 우리는 지난 3월의 축제를 떠올려 크게 기대하지 않았는데, 전국 각지에서 온 방문객들까지 인파가 넘쳐났다. 손님들이 인력거를 타려고 몰려들어서 통제에 애를 먹기도 했다. 우리는 열심히 페달을 돌렸다. 영화 〈장군의 아들〉에 나왔다는 일본 부잣집 '히로스 가옥', 한 때 고은 시인이 출가했다던 '동국사', 〈8월의 크리스마스〉 촬영지 등 구석구석 새로운 곳들을 돌아보는 재미가 쏠쏠했다.

군산 시민들도 평소 원도심을 다녀보지 않아서인지 한 바퀴 돌고 오면 환성이 자자했다. 쉴새 없이 인력거를 끌다 보니 몸은 지쳐갔지만 마음은 새털처럼 가벼웠다. 새로운 장소에서(그것도 인력거가 썩 어울리는 공간에서) 의미와 재미 두 가지를 다 잡은 듯했다. 우리에게 2013년 10월은 여러모로 뜻깊은 한 페이지를 장식했다. 라이더들이 처음으로 서울이 아닌 지역에서 인력거를 몰았던 신선한 경험과, 합숙하면서 팀워크를 다지며 좋은 추억도 남긴 아름다운 가을이었다.

친환경 화장품 회사인 '아베다'는 뜻밖의 이유로 우리를 찾았다. 인력거를 마케팅 도구로 활용해 브랜드 홍보를 하겠다고 했다. 아베다의 임원 한 분이 북촌에서 우리를 보고, 친환경 화장품 회사의 이미지와 잘 어울리겠다는 생각이 들었다고 한다. 그리하여 우리에게 압구정 로데오 거리에 위치한, 첫 오프라인 독립 매장 'Aveda Experience Center'를 홍보하는 일을 제안한 것이다.

8월 15일 광복절 하루 동안, 아띠인력거는 아베다 옷을 입고 강남의 가로수 길과 압구정 로데오 거리를 오가며 손님들을 센터로 안내하거나 센터를 알리는 일을 했다. 남자 모델들도 인력거에 타서 사람들에게 판촉물을 나눠주며 홍보에 합세했다. 아띠인력거를 이렇게 활용할 수도 있다니! 우리로선 군산 행사 이후 또 다른 지역에서 인력거를 끌어 본 신선한 경험이었다.

여러 가지 일 중에서도 서울시에서 주최했던 '광화문 차 없는 거리' 행사는 매우 특별한 기억으로 남아 있다. 내가 처음 인력거 아이디어를 떠올리고는 상상의 나래를 펴나갈 무렵의 일이다. 인터넷에서 '자전거 택시'라는 단어를 검색하던 차에 내가 시작하려는 세발자전거 인력거를 운영했던 회사가 서울 시내에 있었다는 기사를 보게 되었다. 5년 전 기사엔 시청 근처에서 운영한다고 나왔는데, 그 후 어떻게 됐는지 도무지 알 수가 없었다. 매일 시청 근처에 있는 회사를 출근했던 나는 한 번도 본 적이 없었다. 나는 곧장 시청 자전거보행과로 달려가 프린트한 기사와 사진을 보여주며 물었다.

"여기 보면 이런 게 있었다는데, 혹시 아세요?"

담당 직원도 자전거 택시에 관해서는 잘 알지 못하는 듯했다. 순

환근무를 하는 공무원 조직이니 그럴 만도 했다.

"그럼 제가 해봐도 별문제 없겠죠?"

담당 직원은 허허 웃더니 크게 문제 될 건 없다는 답을 주었다. '저 친구는 뭐하는 친구인가?' 하는 눈빛과 함께. 그 일을 인연으로 얼마 후 본격적으로 인력거 운행을 시작하면서, 또 안내 책자를 만들고 인력거 대수를 늘릴 때마다 자전거보행과로 달려가 소식을 전했다. 맨땅에 헤딩하고 있던 나로서는 잠재 지원군이라도 얻고 싶은 심정에서였다.

대한민국 어느 도시에도 인력거나 인력거 운행에 관한 법률이나 시행규칙은 없었다. 하기야 50년 이상이나 이런 도구가 없었으니 어쩌면 당연할지도 모른다. 자전거 인력거가 먼저 등장한 미국의 여러 도시는 이미 꼼꼼한 조례가 있다. 나는 '외국에선 이런 조례를 만들어 인력거를 관리한다'며 해외 사례와 조례를 번역해서 요약해 가기도 했고, "앞으로 이런 규정이 필요할 텐데 검토해 주실 수 있는지요?" 하며 부탁도 했다. 어느 누가 요청한 일은 아니었지만 무턱대고 찾아오는 나를 시청 직원들은 친절히 맞아주었다.

바로 그곳, 항상 나 혼자 애정을 퍼부어 온 곳에서 주최하는 행사에 아띠인력거가 초대받았다. 정말 감격스러웠다. 한 달에 한 번 진행되는 '광화문 차 없는 거리' 행사에 마련된 텐트를 정거장 삼아 시민들에게 인력거를 태워줄 수 있느냐는 제안이었다. 나는 서울에 덴마크나 네덜란드의 도시들처럼 자전거 중심의 거리가 많아졌

으면 하는 바람이 있다. 게다가 자전거 관련업을 하는 사업주로서
도 이런 행사의 초대를 마다할 이유가 없었다.

그동안 여러 조직에 이런저런 제안을 들고 가 거절당할 때나, 공
모전 심사에서 떨어질 때마다 '왜 그들은 내가 보는 걸 보지 못할
까?' '후회할 텐데……' 이런 생각을 하며 아쉬워했다. 그래도 포기
하지 않고 '일단은 해보자. 직접 보면 생각이 바뀌겠지.' 하면서 묵
묵히 밀고 나갔더니 신기한 일들이 벌어지고 있다. 아띠인력거를
다양하게 활용하는 것부터 여러 지역에서의 운행까지. 그러면서
우리의 경험도 차곡차곡 쌓여 가겠지.

내가 하면
남들도 하지 않을까

인력거 사업은 결코 화려해 보이는 일이 아니다. 내 또래들이 많이 하는 IT 사업(운 좋으면 엄청난 확장성을 가진)도 아니다. 나는 단지 한국에서 아무도 하고 있지 않아서, 내가 즐긴 일을 선보이게 돼서 좋았다. 사람들이 의심스러운 반응을 보이면 당장은 아쉽고 답답하고 서운해도, 되게 만들면 더 기분 좋고 통쾌할 것이기에. 지나고 보니 인력거는 사람들이 겉모습만 보고 쉽게 편견을 가지는 사업이었다. 보이는 것처럼 그렇게 힘들지 않은데 힘들 것 같다고 동정한다든가, 외국인들이나 타는 것으로 생각한다든가(손님의 약 80%는 한국인이다.) 마치 할 일이 없어서 이거라도 해 먹고 살아야 하는 젊은이로 보는 것 등등. 진심으로 나는 사람들의 그런 편견과 싸울 수 있어서 좋았다. 잘되게 하려고 싸워야 하는 상황에 놓인 건 더 좋았다. 이기면 보람도 두 배일 것이기에.

라이더에게 인력거 운행 연습을 시킬 때 내가 꼭 하는 말이 있다. 길을 걷다가 눈이 마주치는 사람에게 인사하고 눈웃음 짓고 하면 아마 상대방이 너를 미친 사람으로 알 거라고. 그런데 인력거를 타고 가다 똑같은 행동을 하면 자연스레 인사를 받아줄 거라고.

우리가 '인력거'라 부르는 '뒤쪽에 큰 의자가 있는 삼륜 자전거'는 어쩌면 고철 덩어리에 불과할 수 있다. 하지만 거기에 사람이 앉았을 때, 페달을 돌렸을 때 일어나는 마법은 과학적으로 설명하기 힘든 종교라고 해야 할까? 라이더는 이 마법의 맛에 힘든 것도 잊고 페달을 밟는다.

어느덧 3년이 지났다. 누구는 바쁘고 정신없고 일이 많으면 시간이 빨리 간다고 하는데, 나는 6년을 3년 동안 압축해서 산 느낌이다. 왠지는 모르겠다. 창문이 하나도 없었던 원남동 차고에서 창문도 있고 사무 공간도 있는 사직동 차고로 옮겼다. 인력거도 두 대에서 스무 대로 열 배 늘고, 라이더 숫자도 열 배 이상 늘었다. 아이디어를 떠올려 창업할 때 거대한 인력거 제국을 만들어보겠다는 큰 포부는 없었다. '앞으로 어떻게 될지 보고 싶다'는 단순한 생각으로 시작했다. 마치 롤플레잉 게임하듯 스테이지 하나씩 깨고 레벨 업하는 재미와 성취감을 얻으며 하루하루가 지나갔다.

별거 아닌 일인데 눈에 띄고 특이한 아이템이다 보니 이래저래 여러 곳에 소개되었다. '별생각' 안 했는데 마치 내가 별생각이라도 한듯 나와 아띠인력거가 조금씩 알려졌고, 사업이 되다 보니 포장되어 나왔다. '형식(겉)이 내용(안)을 지배한다'는 말이 있다. 신기하게도 사업 과정 속에서 그 형식을 반복하다 보니 실제로 하게 됐다. 별생각들을.

사람들이 묻고 또 물었다. "왜 했냐. 어떻게 시작했느냐." 하고. 시간이 지날수록 더 많은 사람이 똑같이 묻는다. 언젠가 신문에서 카이스트 김대식 교수의 글을 보았다.

"선택이란 수많은 요소들(물리 법칙, 유전, 경험, 학습, 우연……)로 구성된 '선택의 풍경'을 통해 확률적으로 만들어진다. 선택의 틀은 정해져 있지만, 선택의 결과는 예측할 수 없다."

아! 이게 바로 내가 찾던 답이다. 그렇지! 이제 누가 물어보면 문자로 이 글을 인터넷 링크해서 보내야지 했다. 이렇게 글로 아띠인력거의 기록을 남기고 싶은 생각은 없었다. 그런데 어쩌다 저 선택의 풍경 속에서 사람들이 물었던 질문에 대답이 될법한 글을 쓰게 되었다. 다시 김대식 교수의 글로 돌아와 "어쩌면 '나'란 존재가 선택하는 게 아니라, 선택들을 통해 '나'란 존재가 만들어지기 때문일 수도 있다."라는 문구가 가만히 귓가를 맴돈다.

이 일을 하며 참 많은 사람을 만났고 다양한 경험을 했다. 한 가지는 확실히 말할 수 있다. 삶에 대한 성취감이 학교나 회사에 다니며 반수동적인 환경에 있을 때 맛보았던 것과는 차원이 다르다는 것. 창업으로 얻는 성취감과 짜릿한 묘미는 경험하지 않으면 모른다.

고등학교 때 『월든』을 읽고 무척 감명받았다. 그런데 나는 왜 더 빨리 적극적으로 자립정신이 충만한 삶을 추구하지 못했을까? 그나마 인력거 일로 창업하고 나서부터 스스로 많은 결정을 하고 살았다. 두려움 없이 실천하면 자신에게도 주변에도 결코 실망적인 삶이 되지 않을 거다. 내 경험이 어느 정도 증거가 되지 않았나 싶다. 이 책을 펴는 독자들이 소로의 이 말에도 귀 기울여보기를 바란다.

"우리는 왜 그처럼 성공하려고 필사적으로 서두르며 그토록 무모한 도전을 하는 것일까? 누군가 동료들과 보조를 맞추지 않는다면 그것은 다른 북소리를 듣고 있기 때문일 것이다. 그 북소리가 박자에 맞든 종잡을 수 없는 간에 자신의 귀에 들리는 북소리에 맞춰 걷도록 하라. 사과나무가 떡갈나무처럼 빨리 성숙해야 할 이유는 없다. 남들과 보조를 맞추려고 자신의 봄을 여름으로 바꿔야 하는가?"

-『월든』, 헨리 데이비드 소로, 현대문학

번외 이야기

7인의 라이더 인터뷰

아띠인력거에는 한 달에 한 번 단합대회(라이더스 데이)가 열린다.
한데 모여서 축구도 하고, 워크숍도 하고, 밥도 나눈다.
저마다 자기 색깔을 가진 사람들.
이름 대신 별명을 부르고, '너' '나' 하며 말을 트고 지내는
20대부터 40대까지 나이를 뛰어넘은 친구들.
그들은 왜 아띠인력거로 모였을까?

등장인물

제임스(이재훈), 갈매(이주형), 잭슨(심재훈), 온(김동현), 혁(김학송),
권(권오현), 올레(김성권) 그리고 군데군데 나오는 아이제이(이인재)

아띠인력거의 오랜 친구
'제임스' 이재훈

2012년 7월 ~ 2014년 6월 아띠인력거 라이더 및 관리 (라이더 채용, 교육, 기획서 작성, 정비 등) 현재 중국 유학 중.

Q 제임스는 아띠인력거의 초기 멤버이자 대표인 아이제이 다음으로 가장 오래 인력거를 끌어왔는데, 어때? 지나고 나니 감회가 새롭지 않아?

새롭지. 직장 다니면서 주말에 나와서 일했고, 한동안은 직장을 그만두고 풀타임으로도 일했어. 그동안 참 많은 일이 있어서 시간이 한 5년은 지난 것 같아. 없던 시장을 새로 만들다 보니 가격 책정부터 코스, 인력거 수리 등등 온갖 문제를 직접 해결해야 했지. 그래서 힘든 부분이 많았어. 젊은 친구들끼리 무작정 하다 보니까 어려움이 많았던 것 같아. 그래도 인력거의 매력에 점점 빠져들었어.

Q 라이더로 활동하면 어떤 점이 매력적이라고 생각해?

다양한 사람들을 만날 수 있다는 점, 그리고 나의 역량으로 다른 사람들을 즐겁게 해준다는 것. 인력거가 달리는 거리가 전부 다 우리 무대잖아. 나나 다른 라이더들이 인력거 일을 꾸준히 하는 이유도 바로 그 때문일 거야. 나처럼 무뚝뚝한 사람도 인력거를 끌면 절로 흥이 나거든. 인력거 일은 남들을 행복하게 만드는 마법의 요술 봉 같아. 내가 평상복을 입고 길거리를 막 돌아다니다가 만나는 사람들을 행복하게 해 줄 확률이 얼마나 되겠어? "제가 당신을 행복하게 해 드릴게요."라고 접근하면 아마 정신병자라고 할 테지. 하지만 인력거는 그걸 가능하게 해줘. 손님의 나이와 직업, 학벌이나 배경을 떠나 라이더는 뒷자리에 탄 손님에게 즐거움을 선사해 줄 수 있거든. 그 기분은 겪어 보지 않으면 절대 느껴 볼 수 없어. 한 번 맛보면 인력거의 매력에서 벗어날 수 없게 돼. 그래서 계속 타는 거 같아. 물론 체력적으로 힘들 때도 있지만, 손님들이 즐거워하는 표정과 웃음소리를 듣는 순간 거짓말처럼 피곤이 싹 가시거든.

Q 처음에 힘들지 않았어?

다른 친구들과 달리 나는 자전거를 별로 안 좋아했어. 그러니 힘들었지. 인력거에 적응하는 시간도 필요했고, 처음엔 버스나 택시처럼 빨리 가야 한다는 생각에 진짜 열심히 페달을 밟았거든. 그러다 차츰 인력거 끄는 것도 손님을 맞이하는 것도 요령이 생기더라고.

Q 첫 라이딩 때 기분이 어땠어?

2012년 7월 어느 주말에 처음으로 인력거를 끌고 나갔거든. 지금 생각해도 얼굴이 화끈거려. 비니한테서 틈틈이 인력거 운행 훈련을 받았고, 여러 나라의 인력거 영상도 봤고, 나름대로 만반의 준비를 하고 나섰는데도 낯설었어. 왜 그렇게 긴장되던지. 내가 창덕궁 매표소 앞에 나타나자 각양각색의 표정으로 수많은 눈동자가 한꺼번에 몰려왔어. 사람들이 막 웅성대더라고. 나를 쳐다보고 웃는 사람도 있고, 황당해 하는 사람도 있었어. 지금이야 그동안 방송도 타고 잡지 같은 매체에도 소개되어 많은 사람이 알아보지만, 그때만 해도 '저게 뭐지?' 하는 생소함으로 가득했어. 사람들 시선이 불편해서 삼청동 쪽으로 이동했지. 그런데, 거기 있던 젊은 친구들이 나를 쳐다보는 시선은 더 부담스럽게 느껴지는 거야. 인력거 위에 덩그러니 혼자 앉아 있는데, 별 생각이 다 들었어. 여기서 벗어나야겠다는 생각뿐이었어. 인적 드문 곳에 인력거를 세워 두고 길가에 앉아서 대충 시간을 보냈지. 뭔가 서글프기도 하고 나 자신에게 실망스럽기도 하고. 아쉽게도 나는 그날 아무도 태우지 못하고 마무리해야 했어. 지금도 그때를 떠올릴 때면 가만히 누워 있다가도 발로 이불을 뻥 차곤

해. 한편으로는 그런 날이 있었기에 지금의 내가 있다고 스스로 위안도 하고.

Q 예전엔 회사 다니면서 아띠인력거의 스타트업 준비도 도와주고 주말에 꼬박꼬박 인력거도 몰았잖아. 피곤하지 않았어?

피곤했지. 그런데 인력거 일에 애정이 남달랐어. 내가 다녔던 회사의 업무는 주로 자료를 분석하고 보고서를 작성하는 일이었어. 상당히 정적이고 예측 가능한 부분이 많았어. 모든 일에는 일정이 다 짜여 있었고 그 시간에 맞춰서 본인의 할당량을 끝내면 되고. 하지만 그렇게 일정한 틀에 짜인 삶은 뭔가 허전했어. 시야가 닫힌 듯한 느낌이랄까? 반면 아띠인력거에서 일어나는 모든 일은 예측할 수 없었을 뿐만 아니라 늘 새로웠어. 인력거를 운행하면서 발생하는 문제도 여러 방면에 걸쳐서 나왔고, 각각의 성격이 달랐고, 그에 따라 도출해 내야 했던 해결 방법도 다 달랐어. 평소 나는 남들과 다른 일을 하고 싶다는 열망이 있었는데, 이 일과 딱 맞아떨어진 거야. '젊어서 고생은 사서 한다'고 어른들이 누누이 얘기하는 것처럼 다양한 경험을 하고 싶었어.

Q 문제라면 구체적으로 어떤 거야?

아주 단순한 문제도 있고 간혹 복잡한 문제가 있기도 한데, 타이어 펑크나 브레이크 고장 등 기술적인 문제부터 아띠인력거의 시스템 개선 등 피드백이 바로바로 올 수 있는 문제까지 꽤 다양했어. 지금은 아주 하찮은 것이지만, 그때만 해도 자전거 체인이 빠졌거나 펑크가 나면 정말 머릿속이 캄캄했어. 그런 상황에서 자전거도 거의 안 타본 내가 도로변에 인력거를 세워 놓고 여기저기 고치고 나면, 별거 아닌데 되게 뿌듯하고 뭔가 해낸 느낌이 들었어. 그렇게 자신감도 쌓여 갔어.

Q 아띠인력거 운영진으로 일하면서 힘들었던 점은 뭐야?

라이더를 뽑는 거랑 관리하는 게 제일 어려웠어. 아띠인력거는 라이더 한 명한 명이 자산이고 사람들이 아띠인력거를 인식할 수 있는 가장 중요한 요소잖아. 신입 라이더를 열심히 교육했는데 그 라이더가 며칠 못 가 그만둔다고 생각해 봐. 다시 신입을 뽑아 교육해야 하고…… 그 과정에서 공백이 생기니까. 결국, 이게 회사에 타격이 되잖아. 그런 게 힘들었어. 그래도 운 좋게 지금의 아띠인력거를 이끌어주는 친구들이 많이 생겨서 정말 큰 도움이 되었어. 한 사람 한 사람 얘길 들어보면 정말 신기한 인연으로 만났는데 그것들이 아띠인 력거의 현재를 만들어주는 바탕이 되었을 거야. 사실 얼마 전까지만 해도 시 스템이 부족했는데, 점점 갖춰지고 있는 것 같아서 뿌듯하고 보람도 커. 앞으로의 아띠인력거가 정말 궁금해.

Q 라이더가 늘면서 서로 갈등이나 힘든 상황도 있었을 텐데.
라이더끼리의 갈등은 없었어. 돈을 많이 벌자고 모인 게 아니거든. 사실 라이 더들 중에는 소위 스펙 좋은 친구들이 많은데 돈이 주목적이었으면 과외나 번 역을 하는 게 나았겠지. 우리는 소통하기를 좋아해서 모인 사람들이라 서로 얼굴을 붉히고 큰 언성이 오갔던 적은 없었어. 일을 시작하면서 아이제이와 내가 가장 우려했던 점이 있었어. '아띠인력거의 규모가 커지면 회사와 라이 더 간의 투명한 금전 거래가 유지될까?' 하는. 이 문제는 전혀 예상치 못한 곳 에서 해결됐어. 아띠인력거의 라이더 간에는 독특한 문화가 있는데, 그건 바 로 상호 간의 배려야. 이게 무슨 말이냐면, 한번 상상해봐. 어느 화창한 날 북 촌에서 라이더 둘이 인력거를 세워 두고 쉬고 있어. 한 사람은 베테랑이고 한

사람은 이제 막 시작했거나 옆 사람보다는 경력이 좀 낮은 사람이야. 시간은 운행을 시작하고 3~4시간이 지난 시점으로, 인력거 운행도 종반으로 치닫고 있는 시점이지. 두 사람의 매출을 비교했을 때 웬만하면 거의 열의 아홉은 베 테랑 라이더가 초보 라이더 보다는 돈을 많이 벌고 있을 거야. 바로 이때 손님 이 베테랑 라이더한테 접근해서 라이딩에 관심을 보여. 베테랑 라이더가 소개 를 마치고 나서 손님이 인력거를 타기로 해. 이때 베테랑 라이더는 손님에게 자기는 곧 다른 예약이 있으니까 옆에 빈 인력거를 타라고 손님을 초보 라이 더에게 양보해. 실제로 베테랑 라이더는 예약이 없으면서도 말이지. 이런 상 호 간의 배려! 이런 문화는 베테랑 라이더 간에도 존재하는데 이런 문화가 생 긴 건, 많은 손님을 태워서 돈을 많이 벌자는 목적보다는 다 함께 재미있게 즐 기자고 나온 데 있는 것 같아. 물론 돈도 벌어야 하는 건 당연하지. 하지만 다 같이 골고루 벌면 좋잖아. 그래서 라이더끼리 "오늘 몇 건 했어?"라고 물어보 고 상대방이 나보다 조금 했으면 "에게, 나보다 적게 했네. 크크크." 이렇게 놀 리면서 은근히 걱정도 해. 둘이 같이 있을 때 손님이 오면 적게 했던 라이더에 게 양보하지. 이런 작은 배려는 서로 빨리 친해질 수 있는 계기도 마련해 주고 결과적으로는 일을 더욱더 재밌게 해주는 양념 같은 역할을 한다고 생각해.

이런 문화는 꼭! 지속하면 좋겠어.

Q 아띠인력거의 비즈니스모델은 어떤 거 같아? 처음 시작할 때와 지금을 비교해 보면.

처음과 크게 달라진 건 없어. 시작했을 때 지금의 비즈니스 모델을 꿈꾸면서 했고, 큰 틀에서는 우리가 초기에 생각했던 모습에서 벗어나지는 않았다고 생각해. 오히려 앞으로 규모가 점차 커지면서 우리가 생각지 못했던 방향으로 나아가는 모습이 개인적으로 기대돼. 모든 일에는 예상치 못한 변수들이 있잖아. 그래야지 재밌는 일도 더 많아질 테고. 물론 그 방향은 긍정적인 모습으로의 발전이지.

Q 요즘 청년들, 심지어 고등학생들도 스타트업에 관심을 두는 이들이 증가하고 있어. 조언을 부탁해. 스타트업에서 가장 중요한 건 뭐라고 생각해?

직간접적 경험인 나로서는 '스타트업에서 가장 중요한 게 뭐다.' 하기엔 무리가 있어. 가볍게 경험치를 말해볼게. 가장 중요하다고 생각하는 건 기업의 명확한 비전과 끈기, 이 두 가지인 거 같아. 사업의 아이템과 대외 시장, 이처럼 개인이 어떻게 할 수 없는 변수들이 너무 많이 개입해 있어서 운에 맡겨야 할 거 같고. 우선 명확한 비전이 있어야 사업의 중요한 결정을 내릴 때 중심을 잃지 않고 그것에 부합하는 판단을 내릴 수 있고, 끈기 있게 밀고 나가야 수많은 장애물을 넘어서 조금이라도 성공의 발밑에라도 갈 수 있다고 생각해. 2012년 겨울에 인력거란 개념조차 생소할 때(지금도 생소하지만. 하하) 매 주말, 단 한 주도 빠지지 않고 나와 아이제이를 포함해서 4명이 매일 페달을 밟았을 때가 생각나. 제대로 정리된 코스도 없었어. 그냥 인력거 끌고 나가서 닥치는 대로 손님을 태웠던 시절이야. 설상가상으로 겨울이라서 최악의 비수기였을 때지. 그래도 한 사람에게라도 우리를 더 알려야겠다는 마음으로 꾸준히 나갔던 거 같아. 물론 나가기 싫었던 날도 있었지. 그때는 여자 친구도 있어서 주말에 편하게 데이트하고 싶었던 적도 많았어. 근데 그냥 오기로, 여기서 안 나가면 진다는 생각에 무작정 나갔어. 하루에 많이 벌어야 2~3만 원, 때론 몇천 원 벌이에도 그렇게 꾸준히 했어.

Q 인력거를 타면 손님들이 선택할 수 있는, 몇 가지 코스가 있잖아. 제임스는

어떤 길이 가장 마음에 들어?

나는 히스토리(동북촌) 코스. 이 코스는 창덕궁을 따라서 길게 쭉 뻗은 큰 길이 매력 포인트거든. 창덕궁에서 인력거를 타고 은덕문화원까지 달리다 보면 오른쪽으로는 창덕궁의 담벼락이, 저 멀리 북악산이 한눈에 보여. 삼청동이나 북촌 한옥마을과 달리 한적한 동네거든. 마치 타임머신을 타고 100년 전으로 돌아간 것 같아. 나이 드신 분들도 아이들도 다들 좋아하더라고.

Q 제임스는 학창시절을 캐나다와 미국 등지에서 보냈고 책이 나올 때쯤이면 중국에 있을 텐데, 중국행은 어떻게 결정하게 됐는지 궁금해. 앞으로의 인생은 어떤 그림을 그리고 있어?

중국에 경영학 석사(MBA) 과정을 하러 가게 됐어. 원래부터, 중국 관련된 일을 해보고 싶었어. 어릴 때부터 역사를 좋아했는데 그중에서도 중국사 책 읽기를 좋아했거든. 『초한지』나 『삼국지』를 여러 번 탐독했고 고등학교 때는 중국어로 읽으면 정말 좋겠다는 생각을 어렴풋이 했어. 그러면서 중국어 배우기에도 관심을 두게 됐지. 미국 대학 입학 후 본격적으로 중국어 배우기에 들어갔어. 평소 인터넷 뉴스나 서점에 가서 책을 구경할 때도 왠지 '중국'이란 단어가 들어가게 되면 뉴스도 클릭하게 되고 책도 한번 집어서 살펴보고 그랬어. 딱히 설명할 수 없는데 그냥 나한테 중국은 큰 끌림을 주었어. 그래서 결과적으로 중국에서 MBA를 할 결심을 한거고. 구체적으로 MBA 과정을 마치고 어떤 일을 할지는 모르겠어. 뭔가 중국 관련된 일을 꼭 하고 싶어. 그게 중국이든 한국이든 다른 국가에서든 내 업무에 중국이 꼭 연관되어 있으면 좋겠어. 앞으로 2년 동안 내가 어떤 사람들과 교류하고 어떤 경험을 하느냐에 따라 내 인생 경로가 설정되겠지. 어떻게 될지는 지켜보자고!

Q 미래의 아띠인력거 라이더들에게 한 마디.

땀 흘린 만큼 돈이 따르는 일이야. 게다가 인력거를 끌면서 직업엔 귀천이 없다는 걸 몸소 느낄 수 있을 테고. 세상이 호락호락하지 않다는 걸 뜨겁게 경험할 수 있을 거야.

꿈과 현실, 두 바퀴를 굴리는 사차원
'온' 김동현

2014년 2월~현재 아띠인력거 라이더

Q 인력거를 끌기 전엔 어떤 일을 했어?

4년 전 대학 졸업할 즈음해서 생각에 많은 변화가 있었어. 시스템이 요구하는 인생을 사는 거 말고, 나를 진정으로 알고 싶다는 생각이 들었지. 무작정 성적만 잘 받아놓고, 내가 어떤 사람인지 뭘 하고 싶은지도 모르고 취업 전선에 뛰어드는 상황이 이상하다고 생각했거든. 그래서 모든 채널을 열어놓고 나를 현미경으로 들여다보기 시작했어. 그때 내 삶이 많이 바뀐 거 같아. 그 시간을 통해서 내 삶이 원하는 방향성에 대해 확신하게 됐어. 또 그 와중에 현실과 타협하기도 하면서 갈등도 있었지. 그러던 어느 날 〈서칭 포 슈가맨〉이라는 영화를 보게 됐는데, 그 후 많은 고민을 단박에 정리했지. 내가 진짜 원하는 삶을 살겠다는 강한 포부를 갖게 됐어.

그 뒤로 틈만 나면 이태원 해방촌이나 서촌, 연남동 등지 작은 가게들을 드나

들었어. 특히 '사직동 그 가게'(비영리 난민 후원 단체 록빠에서 운영하는 카페로 서울시 종로구 사직동에 있다.)가 제일 와 닿았어. 일하는 사람들의 행복하고 섬세한 모습이 나에게 울림을 줬거든. 그래서 난 2년째 거기서 자원봉사하고 있어. 그 가게를 통해서 내 삶에 놀라운 일들이 많이 일어났지.

Q 온에게 일어난 삶의 놀라운 일들이 뭘까 궁금해.

여럿 있지만, 특히 기억에 남는 건 사직동 그 가게의 행사 '멜로디 잔치'에서 경험한 일이야. 벼룩시장도 열고, 음식도 차려놓고 인디밴드들이 모여서 한데 어우러져 노는 행사인데, 거기 모인 사람들의 밝은 에너지가 날 엄청나게 즐겁게 하더라고. 마치 천국 같다고 할까! 한번은 내가 음식을 준비했던 적이 있어. 정식으로 배워본 적은 없지만 나는 요리에 재능이 있는 거 같아. 한국에 없는 메뉴를 개발해서 팔았거든. 남인도식 냉 파스타였는데, 맛있게 먹고 좋아해 주는 사람들이 생각보다 많았고, 그 모습이 정말 나를 행복하게 만들었어. 황홀경에 빠졌지.

Q 아띠인력거는 어떻게 알게 되었어?

앞에서 말한 그날이 내가 어디로 나아가야 할지 알려준 결정적인 시금석이 된 것 같아. '넌 앞으로 이렇게 쭉 살아라.' 하는 메시지를 받은 기분이었거든. 그날 이후로 놀듯이 일하는 환경, 힐링하듯 일하는 환경에서 일하고 싶다고 생각하고는 이것저것 막 시도했지. 아띠인력거를 알게 된 것도 '사직동 그 가게' 덕분이야. 비슷한 사람들이 모이고 비슷한 관심사에 대해서 이야기하다 보니 듣게 된 거야. 그 뒤 라이더들을 거리에서 보게 됐는데 내가 생각하는 결이랑 되게 비슷했어. 인력거를 끈다는 게 재밌고 즐거워 보이지만 치열한 생업이기도 하잖아. 한국의 서비스직은 남을 행복하게 해주려고만 하지 일하는 사람들이 행복해 보이지는 않았는데, 라이더들은 무척 행복해 보여서 인상적이었어. 음식 만드는 일과 함께 인력거는 내가 그려왔던 일들 선상에 있었고. 그래서 시작하게 됐어.

Q 현실적으로 불안하진 않아?

인력거 라이더란 일은 내겐 생업이야. 나도 당연히 그런 부분을 고민했지. 그래서 좋은 사례들을 조사하고 파고들기 시작했어. 내가 사실 아띠인력거나 사직동 그 가게에서 일하는 모습은 미련퉁이같이 보여. 그저 아무 생각 없이 즐 겁게 일하는 것처럼 보일 거야. 그렇지만 보이는 게 다가 아니야. 이렇게 하기 까지 수많은 퍼즐을 맞추는 고뇌의 과정이 있었거든. 나라고 어떻게 현실적인 고민을 피할 수 있겠어. 밤에 잠도 못 잘 정도로 많이 고민했지. 특히 앞에 말 한 〈서칭 포 슈가맨〉이라는 영화를 보고 나서는 나에게 '어떻게(how)?' 에 대한 질문을 많이 하기 시작했어. 내 삶의 방향성 '무엇을(what)'에 대한 것은 찾았 는데 이걸 어떻게 이루어나갈지 고민하고 노력하는 과정이 있었어.

자전거는 두 개의 바퀴가 있어. '꿈'이라는 바퀴와 '현실'이라는 바퀴. 나는 이 두 개의 바퀴를 나름대로 잘 굴리는 사람이라고 생각해. 꿈이 돌아가려면 현 실(돈)이 뒷받침이 되어야 하잖아. 나도 내 삶의 방향에 대해서 고민을 많이 하면서, 처음에는 내가 좋아하는 일을 찾는 데 내가 모은 돈을 다 썼어. 그다 음에는 현실적으로 내가 다닐 수 있는 직장을 다니고 돈을 모으면서, 내가 하 고 싶은 일을 위한 자기계발을 하고 있어. 내가 요리에 재능이 있다고 했잖아. 언젠가는 작은 가게를 차리고 싶으니까, 생업으로 주어진 일을 열심히 하면서 집에서는 인도 요리를 열심히 연구하는 식으로 말이지.

206 ◀···

Q 인력거를 끌면서 가장 좋았던 기억 있으면 말해 줄래?

나는 아마 장사꾼 기질을 타고났는지도 몰라. 그래서인지 아띠인력거 오리엔 테이션 때 '이건 너희 한 명 한 명의 개인 사업이다.'라는 말을 들었을 때 그게 참 좋았어. 스스로 운행 코스를 개발할 수 있고, 손님도 만들 수 있고……. 인 력거에서의 하루하루는 나에게 놀이이자 장사야. 자전거를 타면서 동시에 영 업하면서 돈을 버는 수단이기도 하니까. 가장 좋았던 경험은 인천에서 온 가 족과 '히스토리 코스'를 다녔을 때야. 한 시간 투어가 끝날 때쯤 40대 가장이 한시간 더 할 수 있느냐고 묻더라고. 사실 그런 경우도 별로 없었고, 그 가족 이 보기에 경제적으로 풍요로워 보이진 않았어. 그런데 아이가 무척 행복해 하니까 아이를 배려해서 더 태워 주려고 한 거 같아. 그런 모습이 굉장히 교육 적이고 따뜻해 보였어. 그 아버지의 모습에 감동도 왔고, '나도 저런 가장이 될 수 있을까' 하는 생각도 들고. 그때가 인력거를 끈 지 2개월쯤 되는 때였거든. 내가 하는 일에 자신감도 좀 붙었지. '아! 내가 신이 나서 하는 얘기가 재미있 으셨구나.' 하고. 그 가족과는 감성으로도 교감이 잘 돼서 나도 즐거웠고, 그런 손님을 만날 때 행복해. 돈을 받을 때 마음이 함께 느껴졌어.

Q 싫었던 일은 없어?

싫었던 기억은 그다지 많지 않은데 최근에 있었던 일을 말할게. 급하게 택시를 잡고 있는 아주머니를 태운 적이 있어. 아주머니가 10분 안에 어느 목적지까지 태워달라고 재촉을 하더라고. 그러다 보니 급한 사람 두 명이 만나게 된 거야. 원래 나는 차분한 라이딩을 좋아하는데, 마음이 급해서 10분 거리를 5분만에 가게 됐어. 움직이는 동안 마음이 참 불편하더라고. 손님과 대화도 다 어긋났어. 게다가 인력거를 끌면서 내가 받기 싫어하는 질문만 어찌나 잘 고르시는지.

-모터를 달지 그래요.

-힘들어 보여요.

-차도로 가면 안 되지 않아요?

나도 급한 마음과 스트레스 때문에 운행도 잘하지 못했어. 원래는 그런 적이 없었는데 길가에 주차된 차의 백미러에 걸리기도 하고, 아주머니는 그것 때문에 불안해하시고. 나는 대화가 꼬이면 입을 다물어 버리는 편이야.

Q 아직 자기 일을 찾지 못한 청년들에게 해 줄 말 없어? 혹은 인력거 일을 생업으로 고려하는 사람들에게 조언해 줄 말.

조언이라…… 내가 그럴 주제는 못 되지만. 다른 사람 눈치 보지 말고 자신만의 길을 찾을 것. 하늘이 자기에게만 정해준 천직을 찾을 것. 남들하고 비교금지. 자기의 장점을 잘 파악해서 자기 스타일을 찾을 것. 그리고 그걸 지속가능하게 하기 위한 재원을 정당한 방법으로 확보할 것. 예술에 오감이 필요하다면, 돈은 그 오감이 원활하게 흐르기 위한 육감이라는 말이 있더라고. 암튼 인력거는 사람에 따라 정말 힘든 일이기도 하지만, 나처럼 천직으로 느껴지는 편안한 일인 경우에는 도전해볼 만한 일인 것 같아. 전업으로도 충분히!

Q 온은 라이더 일을 전업으로 하고 있으니, 아띠인력거의 정책적인 부분에 대해 할 말이있을 것 같아. 라이더가 하나의 번듯한 일자리로 자리 잡기 위해서 충족돼야 할 건 뭐라고 생각해?

글쎄, 나는 회사의 주인은 오너라고 생각해. 그렇지만 열심히 일하는 구성원들이 그 기여도만큼 돈을 벌어갈 수 있는 제도적 장치가 필요하고, 그런 정책이 선순환 구조를 만든다고 믿어. 지금도 가끔 시행하는 일이긴 한데, 인력거

광고 계약을 유치해서 라이더들이 손님이 뜸한 평일에도 마음고생 하지 않고 일할 수 있는 기본급을 챙겨준다든지. 비율적으로 회사와 라이더가 서로 너무 불리한 선을 넘어가지 않는 것. 지금 대표인 아이제이가 잘하고 있다고 생각해. 이 자세를 유지하는 한 아띠인력거는 계속될 거야.

Q 근데 '온'은 어떤 의미야?

음, 내 삶을 바꾼 몇 가지 메시지와 캐치프레이즈 같은 건데…… 예전의 경직된 삶으로 되돌아가지 않기 위해 세 가지 의미를 담아서 나름 지어본 호(號)야. 하하. 첫째는 따뜻함, 둘째는 영어로 깨어있음의 switch 'ON', 셋째는 순우리말로 전체를 의미하는 '온(온 누리, 온 마음)'. 세 가지 의미 다 내 삶의 암흑기에서 나를 구원해 준 메시지들이었어. 우리 몸도 마음도 차가워지면 죽는다고 생각해. 내 몸과 마음이 따뜻해서 다른 사람들과 행복감을 나누었으면 좋겠고, OFF가 아닌 ON으로 내 몸과 정신이 매 순간 깨어있으면 해. 또 어떤 것의 단점을 보고 부정적이기보다는, 사람이나 음식 등 모든 존재에 대해 좋고 나쁨으로 규정하지 않고 포용할 수 있는 사람이었으면 해.

Q 앞으로 어떤 라이더가 되고 싶어?

이탈리아 축구팀에 발로텔리라는 선수가 있어. 우루과이의 수아레즈처럼 악동으로 유명한데, 이탈리아 축구 대표 팀이 항상 중요한 경기에서 그 선수를 꼭 기용해. 그 선수는 악동이지만 결정적인 상황에서 골을 침착하고 멋지게 잘 넣거든. 특유의 동물적인 반사 신경을 갖고 있는데, 정규 교육을 받은 선수라면 절대 할 수 없는 퍼포먼스를 보여주지. 난 그 친구를 볼 때마다 저런 게 인간 본연의 모습이라는 생각을 해. 놀고 행복하고 즐기는 아이 같은 모습이 인간 본연의 모습 아닐까? 나는 나의 끼를 한껏 발산하는 판타스틱한 라이더이고 싶어. 물론, 안전한 선에서! 같이 일하는 동료들에게도 신뢰와 안정감, 행복감을 주는 사람이 되고 싶어. 똘끼와 안정감을 동시에 갖춘다는 게 참 어려운 거잖아. 그렇지만 축구에서도 그런 선수가 대선수가 되는 경우가 많더라고. 나는 끼를 여과 없이 발산하면서 회사에는 최고의 매출을 가져다주는 헤비급 라이더이고 싶어.

평일엔 프로그래머 주말엔 라이더
'잭슨' 심재훈

2012년 9월~현재 아띠인력거 라이더.

Q 잭슨은 현재 라이더로선 제일 고참이지? 자기소개 부탁해.
인력거를 끈 지 벌써 2년이 넘었네. 대학에서 컴퓨터 공학을 전공했고 지금은
프로그래머로 일하고 있어. 아띠인력거엔 주말에만 나오고 있어.

Q 인력거는 어떻게 시작하게 됐어?
친구 따라 강남 간다고, 대표이자 친구인 아이제이가 한번 타보지 않겠느냐고
꼬드겨서 타게 됐어. 근데 이게 정말 재미있어서 계속 하고 있어. 하는 일이
프로그래머라서 주로 기계, 컴퓨터와 말하거든. 그런데 라이더로 일해 보니
다양한 사람들을 만나고 그 사람들과의 대화를 통해서 경험을 간접적으로 체
험할 수 있거든. 나만의 가치관으로 쭉 가다 보면 한쪽으로 치우칠 수 있는데,
손님들과의 대화를 통한 간접경험이 생각의 폭을 넓히는 데 큰 도움이 돼.

Q '정말 재미있다'고 했는데 구체적으로 얘기해 줘.

약간 소심한 면이 있어서 평소에 낯선 사람들과 이야기를 잘 하는 편이 아니었어. 그래서 처음 인력거를 탔을 때 쏟아지는 사람들 시선을 견뎌내는 게 쉬운 일은 아니었지. 처음 한 시간 정도는 땀만 뻘뻘 흘리고 '수많은 시선을 어떻게 피할까?' 그 궁리만 했던 거 같아. 근데 '뭐라도 해야겠다'는 생각에 나를 쳐다보는 사람한테 "안녕하세요." 하고 인사를 했는데, 그 사람도 웃으면서 "안녕하세요." 해 주는 거야. 정말 엄청나게 충격적인 순간이었어. 컴퓨터만 좋아했던 소심남이 인력거를 타고 아무렇지 않게 낯선 사람과 인사를 주고받았던 순간이었으니까. 조금씩 인력거 위의 나와 다른 사람들과 얘기하는 시간이 재미있게 다가오기 시작했어. 인력거는 이런 게 정말 재미있어. 인력거에 앉는 그 순간부터 인력거와 함께하는 모든 사람과 쉽게 친구가 될 수 있는 마법을 보여주거든. 쉽게 친구가 된 사람들의 사는 이야기를 듣고 또 내 이야기도 해주면서 스트레스도 풀 수 있고. 행복 에너지를 얻는 거 같아.

Q 라이더로서의 즐거움을 진하게 느꼈던 때가 있다면 소개해 줘.

소심남이 처음 인력거를 몰고 나와 제대로 호객을 해서 만난 손님을 태웠을 때 정말 즐거웠어. 첫날, 연습 삼아 교육 삼아 아이제이랑 같이 나왔는데 그날따라 손님이 많은 거야. 아이제이는 손님을 태우고 나는 혼자 남겨지고. 아이제이가 틈틈이 훈련해 주기도 했지만, 나 혼자 손님을 받기에는 한참 모자랐지. 그때 한 모녀가 나에게 다가와서 묻더군. 한옥마을 근처 게스트하우스에 하루 묵게 되었고 어딘든 돌아다니고 싶은데 막막해서 못 돌아다니고 있다고, 이거 타면 투어 시켜주느냐고 말이야. 이상하게 측은한 맘이 들었어. 아니, 이 볼 것 많은 곳에서 뭘 봐야 할 줄 모르겠다니! 그동안 아이제이에게 들었던 북촌 이야기에 내 얘기를 좀 보태서 들려주면서 나의 첫 손님을 태우고 돌아다녔지. 지금 돌이켜보면 어처구니없는 이야기였는데도, 정말 좋아하는 모녀의 모습을 보니 덩달아 나도 기분이 좋아지는 신기한 경험을 할 수 있었어. 내가 처음 즐거움을 얻었던 순간이기도 하고 아직도 내가 인력거를 끄는 이유이기도 해. 누군가가 나로 인해 즐거워진다면 그건 정말 멋진 일이거든.

Q 그럼 일하면서 힘들었을 때는?

사람이 힘들 때는 춥고 배고프고 졸릴 때 아닐까? 아띠인력거가 처음 맞는 겨울이 딱 그랬어. 그해 겨울까지는 요금 체계가 딱 정해져 있지 않아서 손님이 가격을 물어보면 "주시는 만큼 받아요."라고 했지. 처음에 요금을 말씀드리면 가격 때문에 손님이 망설일 수 있으니까, 일단 인력거의 즐거움을 보여준 후에 팁으로 요금을 받자 이런 전략이었지. 여름에서 가을로 이어질 때는 날씨가 좋아서인지 손님들 인심도 좋았고 그만큼 요금을 주었어. 요즘 벌이에 비하면 보잘 것 없지만 하루 나가면 평균적으로 4만~5만 정도는 벌었던 거 같아. 근데 겨울이 되니까 정말로 상황이 급변하기 시작했어. 일단 타는 손님도 급격하게 줄었고, 막상 손님을 태워도 여름이나 가을 때의 인심을 느낄 수 없었어. 하루에 나오면 만 원도 못 버는 날이 많았지. 영하 날씨에 밖에서 기다리다가 도저히 안 되겠다 싶어서 마나님 가게에 들어가서 몸 녹이고 다시 나가고를 반복했어. 추우니 에너지 소모는 많은데 벌이는 없으니 밥도 못 사 먹겠고 늘 배고픈 상태였지. 그 몰골로 다시 호객하러 나오니 손님은 더 안 잡히고 악순환의 연속이었어. '마나님 레시피'의 마나님이 우리를 위해 선뜻 가게 한편에 자리를 내 주시지 않았다면, 따뜻한 밥을 주시지 않았다면, 아마 지금 같이 그때를 얘기하는 순간이 오지 못했을지도 몰라. 그나마 마나님의 따뜻한 마음이 있었기에 겨울을 버틸 수 있었으니까.

Q 인력거 요금, 내부 규칙 등 그동안 아띠인력거의 시스템을 세우기까지 여러 시행착오가 있었을 거 같은데 어떤 방식으로 해 왔어? 그 과정에서 회사와 라이더 사이에 불편함이 있었다면 얘기해 줘.

내가 많은 회사를 경험해 보진 않았지만, 아띠인력거에는 큰 기업은 죽어도 따라올 수 없고, 어지간한 스타트업도 따라오기 힘든 독특한 수평적인 문화가 있어. 라이더가 되는 순간 아띠인력거의 구성원 모두와 반드시 말을 트고 지내야 한다는 문화가 그거야. 이런 문화로 인해 라이더들은 자신의 경력이 오래되던 그렇지 않던 누구나 자기 생각과 느낌을 자유롭게 말할 수 있는 환경이 조성된 거 같아. 아띠인력거의 요금 체계와 규칙들은 라이더 한 사람 한 사람의 목소리가 모여서 이루어진 결과물이야. 물론 그 여러 목소리를 취합해서 규칙들에 반영하는 최고 결정권자는 대표이지만, 결정을 내리는 데 필요한 토대는 라이더들 의견이지. 현장 의견이 잘 반영되다 보니 라이더들 모두가 동의하는 규칙이 만들어지는 것 같아. 두 번째 질문에 대한 답은 첫 번째 질문에 대한 답과 연결되어 있어. 아띠인력거만의 독특한 수평적인 문화는 때때로 회사와 라이더 간에 불편함을 주기도 했어. 가장 큰 단점은 누구의 의견은 관철되고 누구의 의견은 관철되지 않았을 때의 상대적인 박탈감이 심할 수도 있다는 점이야. 수직적인 문화에서는 자신의 의견이 무시당하는 것에 대한 박탈감이 그렇게 크지 않지. 어차피 자신의 의견이 공동의 의견이 되기에는 장애물들이 너무 많으니까. 그런 박탈감을 느꼈던 멤버는 결정권자에게 오히려 더더욱 많은 반감을 느끼게 돼 있어. 너희는 수평 문화를 강조하면서 내 의견은 결국 뭉개버렸는데 이런 나의 소중한 의견을 무시하면서 무슨 수평이냐고 말이야. 결국, 그런 라이더들은 아띠인력거를 떠날 수밖에 없었는데 지나친 자유가 낳은 결과가 아닐까 해. 라이더 개개인의 사정과 전후 맥락, 의견을 대표가 잘 듣고 종합해서 판단하는 게 중요할 것 같아. 아띠인력거는 지금까지 그래왔고 앞으로도 그렇게 나갈 것이라 믿어.

Q 초창기와 지금을 비교해 보면 어떤 거 같아?
일단 초창기와 비교해보면, 정말 많은 사람이 우리를 알게 돼서 이제는 길거리를 지나다니면 "어, 나 저거 봤어."라는 말을 듣게 되었다는 점이야. 평일이나 주말이나 우리가 굳이 나가서 호객하지 않더라도 많은 분이 우리를 보기 위해 북촌으로 오신다는 점! 정말 멋진 일이지. 지난 시간이 짧다면 짧고 길다면 긴 시간이지만 그 시간 속에서 여러 사람이 아띠인력거를 알렸고 아띠인력거를 만나는 사람 모두에게 행복을 전달해 주려고 노력한 결과물이라고 생각해. 이젠 요금 체계도 잡혔고, 새로운 코스들도 생기고 자전거 정비 기술도 처음에 비하면 엄청나게 늘었고, 아이제이와 비니 이 둘로 시작한 라이더도 이제는 20여 명 정도가 되었지. 인력거도 이제는 여러 대가 동시 운행이 가능하도록 바뀌었어. 막 생각나는 대로 열거해보니 정말 회사처럼 바뀌었네. 나도 놀랍다.

Q 잭슨이 생각하는 아띠인력거의 방향은 무엇인지 궁금해. 아띠인력거가 그 방향대로 온 것 같아? 앞으로 아띠인력거의 방향은 어디로 가야 한다고

생각해?

내가 생각하는 아띠인력거의 방향은 아띠인력거의 슬로건 '행복을 달리다' 이
말에 나와 있어. 아띠인력거를 운행하는 라이더와 손님들, 지나치며 우리를
보는 사람들 그리고 우리를 아는 사람들 모두 인력거를 통해서 행복을 얻을
수 있게 하는 게 아띠인력거의 방향이야. 물론 우리는 회사이기에 돈을 벌어
야 하는 것이 가장 최우선이고 가끔은 돈을 못 벌어서(특히 추운 겨울) 힘든 적
도 있었지만, 처음부터 생각했던 이 방향성을 놓치지 않아야 앞으로 오랫동안
아띠인력거가 돈을 벌 수 있다고 생각해. 아띠인력거는 행복한 삶을 살기 위
해 안정된 직장을 뛰쳐나온 아이제이의 결단으로 시작했기 때문에 아띠인력
거와 관계된 어느 구성원 하나라도 행복하지 않다면, 그때는 정말로 (지금은 상
상도 할 수 없지만) 아띠인력거의 끝이 보이지 않을까 싶어.

**Q 잭슨은 인력거를 하기 전에 북촌에 대해 얼마나 알고 있었어? 북촌은 여행
코스로서 어떤 장점을 가졌는지, 또 잭슨에게 어떤 의미를 지닌 장소야?**

인력거를 처음 시작하고 북촌에 왔을 때 내가 처음 했던 생각은 이거였어. "서
울 촌놈이 드디어 서울 구경 하는구나!" 텔레비전 프로그램 〈1박 2일〉에서 북
촌을 소개하기 전까지 북촌이 어디 붙어있는지도 몰랐는데 그걸 보고 나서야
'아! 저런 곳이 있구나.' 했거든. 그런 상태에서 북촌을 마주하니 600년 역사의
아우라가 느껴지면서 25년 동안 산 강남이 마치 촌처럼 느껴졌어. 보이는 모
습, 건물들은 강남 고층 건물과 아파트에 비할 바 못 되지만 위인전에서만 봤
던 여러 영웅의 발자취가 있는 북촌은 보이는 게 전부인 곳이 아니었어. 서울
이면서 서울이 아닌 듯한, 길 가는 할아버지 할머니의 깊은 주름살만큼이나
이곳을 알고 싶다는 생각이 용솟음치는 곳이 바로 북촌이야. 북촌의 여행 코
스로서의 장점은 단순히 보이는 고풍스러운 것들에만 있는 것이 아니라고 생
각해. 아름다운 풍경들만으로도 충분히 북촌에 올 만한 이유가 되지만, 그 풍
경마다 가지고 있는 저마다의 이야깃거리를 하나하나 알아가는 맛! 그게 바로
북촌의 가장 큰 장점이야. 보는 맛과 아는 맛을 느낄 수 있지. 나에게 북촌은
아낌없이 주는 나무와 같은 존재야. 소중한 추억들과 사람들을 만나게 해 주
었고 앞으로도 계속 그렇게 해 줄 나에게 모든 걸 줄 수 있는 나무 같은 존재.
10년, 20년이 지나도 다시 찾고 싶은 그런 곳이야.

식물과도 소통하는
'헉' 김학송

2013년 8월~ 현재 아띠인력거 라이더

Q 별명이 재밌어. 헉! 이유가 있을까?

'학' 자가 허클베리 핀의 줄임말인 'Huck'과 비슷해서 써. 외국인을 태울 때 내 별명이 허클베리 핀의 헉이라고 하면 다들 좋아하기도 하고. 헉! 하지? 헉!

Q 헉은 아띠에서 맏형이야. 40대 나이에도 불구하고 한참 어린 친구들과 어떻게 그렇게 스스럼없이 지낼 수 있어? 블로그에 헉이 쓴 글을 보면 따뜻하고 섬세한 결이 느껴져. 사실 대한민국 아저씨들에게는 찾아보기 힘든 감성이거든. 시간의 흐름에도 깎이지 않는 헉 만의 감성 비결은 뭘까?

타고난 것도 있고, 어릴 때 시골에서 자랐거든. 그래서 항상 꽃, 나무를 보고 가꾸고 있던 게 내 모습이야. 한가한 시간에는 자연과 가까이 있으려고 해. 자연 속에 있으면 사람들 사이에서 부대낄 때랑은 확실히 다르거든. 처음 아띠인력거에서 다른 친구들과 잘 지낼 수 있게 발판을 놓아준 건 아이제이잖아. 아이제이가 아띠인력거의 분위기를 꾸리는 데 참 많은 역할을 했다고 생각해.

서로 별명을 부르는 수평적인 구조도 그렇고. 처음에는 사실 적응하기 조금 힘들었어. 내가 들어온 지 꽉 찬 1년이 됐어. 정독도서관 원두막에서 면접을 봤는데 나보다 한참 어린 친구들이 벌렁 누워서 질문을 하더라고. 사실 그때 충격을 좀 받았는데, 아띠인력거의 수평적인 분위기를 일부러 보여준 것 같아. 나도 한국 사회에서 직장 생활을 오래 했고, 서열 구조에 익숙한 사람이라 그런 분위기에 적응 못 하면 아띠인력거에도 적응할 수 없을 테니까. 내 성격이 아주 활발한 건 아니지만, 사람들을 만나서 행복을 나눠주고 이야기를 들어주고 북촌 이곳저곳을 소개하는 일이 나랑 잘 맞을 거라 생각하고 선뜻 지원했는데 썩 잘 맞아.

Q 인력거를 끈다니까 주변의 반응이 어때?
반응은 딱 그거야. "미쳤냐?" 체력적으로는 힘든 게 사실이거든. 라이더 친구들 평균 나이와 거의 20년 차이가 나. 그건 절대로 무시 못 해. 내 주위 사람들은 '그 나이에 인력거를 끄는 일'은 이미 체력적으로 부담스럽다는 한계를 알기 때문에 그런 말을 하는 거야. 그런데 나는 지금 인력거를 몰고 있잖아. 분명히 주변에서 못한다고 했는데, 나는 이렇게 하고 있으니 아이러니지. 한편으로 나는 미혼인데 가족이 없으니까 좀 더 자유롭게 할 수 있는 부분도 있어. 처음에는 체력 부담이 심했어. 젊은 사람들은 상상을 못 해. 이 나이가 되기 전에는. 나도 사실 처음엔 인력거를 만만하게 봤지. 평소 몸 관리도 안 했으면서, '그냥 끌면 되겠지?' 하고 쉽게 생각했지. 막상 인력거를 끌어 보니까 북촌의 굽이 온몸으로 느껴지더라고. 지금은 많이 적응했어. 이참에 라이더 친구들에게 한마디 하고 싶네. "너희, 내 나이 돼 봐!" 정말 내 나이가 되면 '아니, 그때 혁이 어떻게 인력거를 어떻게 끌었을까?'라는 생각이 들걸?

Q 나무를 좋아해서 관련 책도 준비 중이라고 들었어. 어떤 내용인지 소개해 줄 수 있어?
서울의 나무를 친근하게 소개해 주는 책이야. 무작정 모든 나무를 소개하는 건 아니고 종로구, 대학로, 북촌, 서촌, 홍대처럼 사람들이 많이 찾는 곳에 있는 나무를 소개하려고 해. 사람들과 부대끼며 살아가는 나무들의 사연이 많거든. 종로 2가에 가죽나무가 한 그루 있어. 나는 그 나무를 '보이지 않는 나무'라고 이름 지었어. 사람들 틈바구니에서 시달리느라 눈뜨고 보기 처참할 정도로 안쓰럽거든. 그런데 사람들이 아무도 그 나무를 못 봐. 나한테는 보이는데.

Q 라이더들을 바라보는 시선이 조금은 남다를 것 같아. 동생 같기도 하고 조카 같기도 하고. 인생의 선배로서 라이더 친구들에게 들려주고 싶은 말은 어떤 거야?

사실 내가 던져줄 필요도 없어. 이미 이 친구들은 기존의 사회 질서라고 할까, 정형화된 틀에서 벗어난 친구들이거든. 소위 학점 잘 받고 취직 준비 잘하고, 꼬박꼬박 안정된 월급을 받고…… 그런 삶 말이야. 물론 그런 삶이 나쁘다는 건 아니야. 그렇지만 대한민국의 많은 젊은이가 대부분 획일화된 길을 걷고 있을 때, 아띠인력거 친구들은 현재의 삶이 불안하고 돈을 좀 적게 벌어도 다양한 일을 시도하고 있다는 게 대단해. 젊었을 때 이런 경험을 해 본 것과 안해 본 것은 차이가 클 거야. 경험해 본 친구들은 사회가 제공하는 단맛에 쉽게 넘어갈 것 같지 않아. 그래서 내가 이 친구들보다 나이가 많다고 해서 특별히 해 줄 얘기는 없어.

Q 인력거를 끌면서 얻은 경험들을 앞으로의 삶에 어떻게 녹여내고 싶어? 앞으로 어떤 삶을 계획하고 있는지 듣고 싶어.

아까도 말했지만 사실 아띠를 하면서 체력적인 부담도 심하고, 상대적으로 너무 젊은 친구들의 무리에 속해 있다 보니 스스로 '내가 있음으로써 누가 되진 않을까?' 하는 생각이 들어. 대중이 아띠인력거를 바라보는 시선 있잖아. 생기발랄함, 자유로움 같은 이미지에 누가 되진 않을까 하는. 이런 부담감이 사실 아주 많아. 그렇지만 나는 이러한 고민도 내 스스로 해결해야 할 과정이라고 생각해. 나 스스로 풀어가는 숙제. 요즘은 몹시 무더워서 땀이 비 오듯 해. 땀이 뚝뚝 떨어지는데, 그걸 달리 생각해보면 나의 울음일 수도 있다는 생각이 들었어. 페달을 밟으며 한발 한발 나아가는 게 굉장히 힘들긴 한데, 이게 내가 언젠가는 넘어야 할 과정이라고 생각해. 내가 50, 60이 되면 또 다른 넘어야 할 산이 있겠지. 어떻게 넘나 싶지만 한발 한발 페달을 밟으면 언젠간 내리막이 나오거든. 앞으로 나의 인생도 마찬가지 아닐까? 또 다른 산이 나올 거고, 어떻게 넘나 막막하지만 한발 한발 나아가면 언젠간 내리막이 나올 거고, 내려가는 기분은 짜릿할 거야. 인력거를 타고 내리막길을 내려가는 맛처럼.

Q 아띠인력거가 좀 더 발전하기 위해서는 어떤 것이 필요할까?

체계적인 시스템이 좀 더 보완됐으면 좋겠어. 신입 라이더가 들어온다면 교육 파트에서 교육을 맡고, 자전거가 탈이 났으면 수리 파트에서 수리를 하고 이런 것들 말이야. 지금은 문제를 해결해야 할 때 역할이 명확하게 나뉘어 있진 않거든. 이런 부분에서 체계적이고 세련된 시스템이 있어야 한다고 생각해. 우리가 북촌을 돌면서 여러 곳을 설명하잖아. 손님들이 비싼 돈을 내고 타는데, '우리가 얼마큼 북촌에 대해서 객관적인가?'라는 고민도 하거든. 앞으로는 인력 관리가 정말 중요하다고 생각해. 요즘 아띠인력거가 매스컴도 많이 타고 신선해 보이니까 단기적인 체험용이나 흥미 위주로 접근하는 경우도 있어. 잠시 거쳐 가는 게 아니고, 장기적인 관점에서 접근하는 사람들이 많았으면 좋겠어. 심지어 취업준비생들이 '취업용 스펙'을 쌓을 목적으로 접근하기도 해. 이것도 아띠인력거가 경계해야 할 부분인 것 같고. 아이제이의 어깨가 무겁지. 이건 누구도 대신 해 줄 수 없는 일이니까. 그래서 나는 아이제이한테 뭐든 더 해 주고 싶은 마음이야. 아이제이가 짊어지는 무게를 옆에서 가늠은 할 수 있으니까 작은 몫이나마 돕고 싶어. 지금부터가 중요하지.

Q 언제까지 할 생각이야?

인력거를 끄는 동안은 사실 힘들어. 특히 여름. 그래도 집에 들어가서 샤워할 때 왠지 뿌듯함이 밀려와. 직장 다닐 때는 야근하고 들어가면 스트레스거든. 근데 여기는 힘은 들지만, 하루가 끝나면 몸은 좀 고되어도 집에 가서 자려고 누우면 내가 뭔가를 하나 해냈다는 행복이 있어. 내가 사람을 태우고 북촌을 알려주고, 교감하고, 사람들한테 행복을 나눠준 것 같아서 좋아. 나이의 경계를 허문 아띠인력거, 참 고마워. 할 수 있을 때까지는 열심히 즐겁게 할 거야.

아이디어 뱅크
'올레' 김성권

2014년 3월 ~ 현재 아띠인력거 라이더 및 행정 업무 담당

Q 올레는 원래 어떤 것에 관심이 있었어? 20대 초반인 올레 또래들은 땀 흘리는 일엔 별로 관심 없던데, 인력거 일을 해보려는 마음을 먹기가 쉽지 않았을 것 같아.

나는 특별한 걸 좋아해. 전공이 작곡이거든. 작곡이 원래 유니크한 면이 있잖아. 그래서인지 새로운 것을 받아들이는데 별로 거부감이 없었던 것 같아. 대학생활하면서 그동안은 그냥 학교 다니고 친구들이랑 놀고 별생각 없이 지내다가 대학 3년을 마치고 보니까 좀 의미 있게 살고 싶다는 생각이 들더라고. 그때 마침 언젠가 지인한테서 들었던 아띠인력거가 생각나서 아이제이를 찾아갔지. 라이더로 일하면 '내가 나를 어떤 면에서든지 간에 한 단계 업그레이드시킬 수 있겠다'는 생각이 들어서 시작하게 됐어.

Q 직접 일 해보니 어때?

나는 여태 많은 경우에서 수동적으로 살아왔던 것 같아. 근데 라이더로 일하고 나서는 스스로 좀 능동적으로 바뀌었다고 생각해. 약간 철이 들었다고 해야 하나. 학교 다니면서 레슨으로 돈을 번 적이 종종 있었는데 육체적 노동으로 번 돈이 아니어서 그랬는지 아무래도 지금보다는 돈이 귀한 줄 잘 몰랐던 거 같아. 그래서 돈을 쉽게 써버렸던 경험들이 있어. 그런데 아띠인력거를 하고 나서는 내가 직접 땀을 흘려서 돈을 버니까 돈 버는 의미를 알게 되는 것 같아. 또 한 가지 변화는 사소한 것에도 물음표를 갖게 된 거야.

Q 사소한 것에 물음표를 갖게 된 것 중에서 생각나는 거 하나 소개해 줄래?

최근에 아띠인력거 에코백을 준비하게 됐어. 에코백을 만들어서 인력거를 운행할 때 쓰레기를 줍자는 취지거든. 아이디어를 냈더니 아이제이가 좋은 생각이라며 흔쾌히 진행하라고 했어. 에코백을 만들면서 느낀 건데, 신경 써야 할 게 한둘이 아니더라고. 이것저것 시장조사를 하면서 시세도 따져보고 안감이 방수되는지 안 되는지도 알아보고······. 준비하는 과정에서 '내가 여태까지 참 쉽게 살았구나.' 하는 생각이 들었어. 에코백 하나 만드는데도 이렇게 손이 많이 간다는 걸 깨달으니까, 정말 아이제이가 대단하다는 생각이 들더라고. 예전 같으면 나와 창업은 전혀 연관이 없다고 생각했을 거야. 그렇지만 이제는 창업자의 마음으로 모든 사물을 대하게 됐달까? 건물 하나를 보더라도 '저건 왜 저렇게 디자인했을까?'라는 물음표가 따라붙어. 아띠인력거를 만나기 전의 나였다면, 군대 가기 전 지금 이 시간을 어영부영 흘려 버렸을 거야. 지금 나는 '이 시간을 어떻게 써야 할까?' 이런 생각을 하고, 의미있는 시간을 보내려는 것에 대한 고민이 있어. 내가 모르는 타인의 영역에 관심도 생겼고. 타인의 경험에 대한 관심, 경험을 산다고나 할까. 인력거 일을 하면서 손님을 태울 때도 손님과 여러 이야기를 나누면서 많이 배워. 이런 내 모습을 보면 스스로 업그레이드됐다고 생각해. 지금 나는 군대 가기 전 잠깐 발을 담그고 있지만, 이 짧아 보이는 시간 가운데에서라도 아띠인력거의 여러 부분을 발전시키고 싶고 나 또한 성장하고 싶어.

Q 에코백 아이디어는 어떻게 내게 됐어?

그건 계기가 있었어. 하루는 북촌에 손님을 모시고 올라가는데, 동네 주민이 나와서 우리한테 심하게 화를 내는 거야. 집집마다 집 앞에 음식물 쓰레기통이 있는데, 관광객들이 쓰레기통이 없으니까 거기에 쓰레기를 막 버리거든. 사실 주민들은 관광객들 때문에 늘 화가 나 있어. 시끄럽고 쓰레기를 너무 많이 버린다고. 우리 탓이 아니긴 하지만, 그래도 해결 방법에 대해서 생각을 하게 됐지. 평일에는 쓰레기를 버릴 수 있는 공간들이 많지 않아서 쓰레기를 줍게 되더라도 버리기가 어려워. 그런데 주말에는 쓰레기를 버릴 수 있는 공간들이 조금 마련되고 있어. 그럼 주말만이라도 우리가 쓰레기를 치우면 되겠다는 생각이 들었어. 우리가 직접 쓰레기를 치운다면 우리는 사람들에게 단순히 인력거를 넘어서 문화를 만드는 사람들이라는 인식을 심어줄 수 있을 거고, 아띠인력거에 대한 홍보도 되잖아. 실제로 해보면 여러 가지 시행착오가 있겠지만, 어쨌든 시작이 중요한 거니까. 에코백에 넣을 슬로건도 정했어. '내가 하면 남들도 하겠지'로. 멋있지? 에코백에는 아띠인력거 로고가 없어. 요즘은 홍보할 때 대부분 자기 회사나 브랜드 로고를 꼭 넣잖아. 그렇지만 우리는 굳이 그렇게까지 할 필요가 없을 거라는 생각을 했어. 몸으로 보여주면 되잖아. 그냥 쓰레기를 주우면 되는 거니까. 가방 뒷면에는 영어로 'if I can do it, you can do it.' 이라고 새겼어. 벌써 기대돼.

Q 지금은 라이더 외에 아띠인력거의 다른 일에도 푹 빠져 있잖아. 어떤 일들을 하고 있어?

기본적인 사무 일이지 뭐. 아이제이는 대외적인 활동을 병행하니깐 나는 안살림을 챙겨야 해. 행정적인 일 등. 그 외에도 전체적으로 매뉴얼이 필요한 것 같아서 체계적으로 하나씩 만들어 가고 있어. 발만 담그다가 이젠 몸을 담근 상태인데, 재밌네. 재밌어. 라이더였을 땐 건의만 했던 내용을 이제는 내가 추진해서 결과를 낼 수 있다는 게 재밌고, 내가 잘 몰랐던 행정 업무를 배우게 돼서 좋아. 한편으론 그냥 라이더로 있을 때가 편하긴 했구나 싶어. 예전처럼 그냥 인력거 운행만 하는 거면 가벼운 마음으로 하면 되는데 이제는 다른 라이더들도 챙겨야 하고 전체적인 그림도 봐야 하고, 회사와 라이더들 각각의 입장에 서서 생각하고 결정해야 하다 보니 머릿속이 좀 복잡하긴 해. 근데 이 일이 힘들 거나 싫지는 않아. 내가 아직 여러 가지 면에서 미숙하고 많이 부족하지만 그래도 회사와 라이더간에, 라이더와 라이더 사이를 매끄럽게 이어주는 역할을 하고 싶어.

2014년 2월~ 현재 아띠인력거 라이더

Q 아띠인력거와는 어떤 인연으로 만나게 된 거야?

군을 제대하고 1년 반 동안 병원 약제팀에서 일했어. 그러다가 학교로 돌아가서 공부하는데 일상이 너무 지루하더라고. '뭔가 재미있는 게 없을까' 찾고 있던 차였어. 어느 날 일요일 오전에 티브이를 보게 된 거야. 아이제이가 나온 어느 방송에서 '또라이 정신'이라는 말이 나오던데, 눈이 번쩍 뜨였어. 어쩌면 나의 무대가 될 수도 있겠다는 생각이 든거지. 내 안에 잠재돼 있던 또라이 정신을 풀 곳을 찾고 있었는지도 몰라.

Q 막상 해 보니 어떤 느낌이야? 시청자의 입장으로 봤을 때와는 다를 것 같아.

몸에 딱 맞아. 말도 못할 정도로 흥분된달까. 사람들과 나누는 대화도 참 좋고, 내가 무대의 주인이 된다는 게 맘에 들어. 내 안의 또라이 정신을 풀 수 있는 곳이기도 하고. 학생이 어디서 스트레스를 풀겠어. 기껏 친구들이랑 술이나 먹겠지. 나는 운동도 하면서, 스트레스도 풀 수 있어서 좋아. 게다가 돈도 벌 수 있고. 무엇보다 좋은 건 한 공간에 갇혀 있지 않다는 거야. 난 돌아다니는 걸 좋아하거든. 한 공간에서 갇혀 일하는 사람을 보면 답답해 보여.(그 사람 입장에서는 내가 밖에서 땡볕에 개고생하는 걸로 보일 수도 있겠지만) 여러 사람을 만나니까 배울 점이 참 많아서 좋아. 졸업이 1년 반 남았는데, 앞으로 내가 해야 할 일을 찾는 중이야. 사실 전공과 적성은 별로 안 맞아. 난 항상 마음가짐이 '일단 해 보자!' 야. 해 보자! 시도했다는 것 자체에 칭찬해 주는 편이지. 여기도 마찬가지야. 해 보자는 생각이 들어서 신청했고, 그래서 지금 여기 있는 거지. 아띠인력거에 와서 많이 배웠어. 나도 창업에 되게 관심이 많거든. 원래 창업하고 싶은 마음이 있었는데, 아이제이한테 창업과 도전 정신을 배울 수 있고 즐겁기까지 하니 일거양득이지. 앞으로 창업하게 되든 어떤 걸 하게 되든 여기서 배운 것들이 밑바탕이 될 거야.

Q 별명은 누가 지은 거야?

아띠인력거에선 서로 별명을 부르잖아. 처음 들어와서 어떻게 정할까 고민하는데, 내가 설명도 잘하고 아는 것도 많아 보였나 봐. 손님들이 '선생'으로 하라는 거야. 권 선생. 그런데 '권 선생, 권 선생' 하다 보니까 고민이 생기더라고. 선생이면 뭔든 다 알아야 하잖아. 근데 난 가진 게 좀 부족하거든. 하하. 누군가 나에게 뭘 물어봤는데 내가 모르면 '권 선생이 그것도 몰라?'라는 핀잔이 돌아올 수도 있는 거잖아. 그게 좀 부담스러워서 '선생'을 빼고 '권'이 된 거야. 한 글자가 편하기도 하고.

Q 얼마 전에 같은 손님이 3번이나 권을 찾았던 적이 있었잖아. 깜짝 놀랐어. 어떻게 사로잡은 거야? 그땐 권이 라이더 한 지도 얼마 되지 않았을 때였는데.
단지 행운이었지. 크크. 처음에 가만히 인력거를 끌고 가는데, 50대 중반의 아주머니 한 분이 나한테 와서 이것저것 물어보시더라고. "이게 뭐예요? 탈 수 있는 거예요?" 하고 호기심을 보였어. 아주머니를 태우고 '로맨스 코스'를 돌았는데, 다음에는 딸을 데리고 찾아주셨어. 그다음 번엔 아주머니의 어머니를 모시고 또 찾아주시고. 내게 특별한 비법 같은 게 있는 건 아니지만, 굳이 꼽자면 순간 판단력이 좋은 거 같아. 그 사람에게 '잘 맞아 떨어지는' 대화를 하려고 노력하는 편이야. 예를 들어 인력거를 탄 손님이 설명을 좋아할 것 같은지, 설명보단 그냥 구경하는 걸 좋아할지를 빨리 파악하는 거지. 나는 병원에서 아르바이트도 오래 했고 편의점, 음식점 서빙, 영화 엑스트라, 영화관 매표소 등 주로 사람 대하는 일을 많이 했어. 그래서 사람에 대한 파악이 좀 빠른 편이고, 그 사람이 원하는 대로 잘 맞춰 줘. 물론 가식적인 건 절대 아니고. 히히. 그때 그 아주머니와 할머니랑은 두 시간을 돌았어. 오전 열 시 반에서 오후 한 시까지. 중간에 쉬면서 할머니가 들려주는 역사 이야기도 듣고, 간식도 먹고. 내가 손주처럼 예뻐 보이셨겠지. 무엇보다 공감대를 형성하는 것이 중요해.

Q '인력거 일을 하면서 유명한 사람을 태우고 싶다'는 소박한 목표가 있다고 했잖아. 그 이유가 뭐야?
나는 성공한 사람들에 대해서 관심이 많아. 그런 분들을 만나서 배울 점을 많이 얻고 싶거든. 언젠가 지금 다니고 있는 대학교에 유명한 기업의 최고경영자인 선배가 강연을 왔어. 강연이 끝나고 수천 명이 다 빠져나갔는데, 나는 그 선배를 끝까지 남아서 기다렸지. 내 인력거에 한 번 태우려고 말이지. 사실 나 혼자였으면 말도 못 걸었을 텐데, 아띠인력거라는 배경이 있으니까 용기를 낼 수 있었어. 정말로 그다음 주에 그 선배가 가족을 데리고 나를 찾아주었어. 그 분의 이야기를 들으면서 참 좋았지. 앞으로도 그런 기회를 많이 만들고 싶고. 일반적으로 성공한 사람들에게 "한 번 만나자."라고 하면 다들 '비즈니스'로 받아들여. 그렇지만 나는 인력거를 통해서 그들에게 '한 번 타러 오세요.'라고 가볍게 말할 수 있고, 그들도 이걸 '놀이'로 받아들이거든.

Q 평소 동료 간에도 그렇고 권은 소통의 달인 같아. 공감 능력도 뛰어나고. 원래 성격은 어때?

나는 평소에 활발한 성격은 아니야. 그렇지만 인력거에서만큼은 자신감이 생겨. 인사도 열심히 하게 되고 사람들을 대할 때 편해져. 그게 공감대 형성에 좋은 역할을 하는 것 같아. 인력거에 있으면 든든한 내 편이 생긴 것 같은 기분이 들거든. 어제도 이런 일이 있었어. 예약 손님이 있어서 인력거 두 대가 가야 하는 상황인데 한 대가 어긋난 거야. 가족이 네 명이어서 두 대에 나눠타야 했거든. 30분 전부터 인력거를 타려고 기다렸던 손님이라 화가 잔뜩 난 거야. 사정을 설명하고 일정을 미뤄서 저녁 시간에 태우게 됐는데, 그때 내가 그분들 웃기려고 얼마나 노력했다고. 처음엔 화가 난 손님의 입꼬리가 나중엔 슬며시 올라가더라니까. 난 싸운 신혼부부도 화해시킨 경험이 있어. 게스트 하우스까지 소개해드렸는데 거기로 예약을 하시더라고. 아까도 말했듯이 내가 사람들 마음을 잘 눈치채고 그에 맞는 역할을 잘하는 것 같아. 으하하.

2012년 11월~2014년 1월 아띠인력거 라이더.
현재 프랑스 '제네릭 바쀄(Générik Vapeur) 극단' 인턴.

Q 어떻게 아띠인력거에서 일하게 된 거야?

세네갈행 비행기 표를 마련할 돈이 필요했어. 그리고 갈 길이 멀어 보였지만 자립하고 싶었어. 근데 아무 일이나 하긴 싫고 나한테 좀 도움되는 일자리가 없을까 찾아보던 중이었지. 나는 북촌에 오래 살았는데 그날도 친구랑 산책하다가 유연히 지나가는 인력거를 마주쳤어. 신기해서 뭐하고 있는 건지 물었고, 일이라고 하길래 나도 할 수 있는지 물어봤어. 그 후에 당시 인력거 초기 멤버들을 만나 같이 얘기하고 합류하게 됐어.

Q 20대 초반 학생 신분으로 어떻게 자립할 생각을 한 거야?

난 당시 휴학을 한 상태였어. 근데 말이 자립이지 나한텐 그저 먼 희망 사항이었지. 사실 어렵지. 보증금이며 등록금이며 그 많은 돈을 어디서 구해. 로또를 맞거나 명문대 간판으로 한 달에 50만 원씩 하는 과외를 적어도 3개 정도는 뛰지 않는 이상 내 나잇대 사람들에겐 참 어려운 일 아닌가? 자립이라기보다 필요한 돈을 마련하자는 마음이었어.

Q 인력거 일을 해 보니 어땠어? 만족스러웠어?

나는 '노동이 정말 우리의 삶을 풍요롭게 해주나?' 하는 의문이 있어. 인력거 일을 할 때도 내가 하는 이 일이 나를 더 괜찮은 사람으로 만들어 줄 수 있을까, 라는 질문을 항상 가지고 있었어. 그 질문에 대한 답이 '그렇다'였기 때문에 나는 운이 좋았다고 생각해. 왜냐면 그 의문에 대한 답이 설사 '아니다'라 해도 나에게 다른 선택지는 없었으니까. 뭐 어떻게 해, 돈이 필요한데 일해야지. 우리는 '노동은 성스러운 거다.' 이런 말을 자주 듣잖아. 나는 쉽게 동의하기 어려워. 지금 우리가 사는 세상에서 사람들이 일하는 모습을 보면 노동이 우리를 고양하거나 삶의 어떤 의미를 가져다주는 것 같지 않아. 하루를 가득 채워 일해도 내일에 대한 불안함이 가시지 않는 사회잖아. 많은 사람이 자기 일로부터 소외당하고 있다고 생각해. 자기가 만들어내는 결과물과 자신이 결국 큰 관계가 없는 삶 말이야. 비극적인 건 그런 노동조차 지속해서 하는 게 어려운 상황이라는 거야. 풍요는커녕, 생존조차 어려워진 거 같아. 우리 꿈은 그냥 정규직이야. 정규직. 뭐 의사나 판사 이런 게 아니라 정규직만 해도 감지덕지한 상황이야. 비정규직 일자리는 이제 당연한 게 되었어. 말이 좋아 노동 유연성이지 그 말은 곧 고용불안정성이라고. 대기업에서도 비용을 절감하겠다고 하청업체를 쓰잖아. 쌍용자동차에선 해고 문제로 20명 넘는 사람이 자살해도 나라에선 국정조사 한 번 제대로 못 했어. 한진중공업 정리해고 문제를 해결하기 위해 어떤 사람은 300일에 가까운 시간을 크레인 위에서 지내야 했고, 이마트에서는 직원들을 감시하려고 사물함을 뒤지고…… 하루아침에 문자로 해고 통보를 받는 일도 비일비재하다고! 당장 생각나는 것만 얘기해도 끝이 없네. 나는 정말 내가 참혹한 세계에 살고 있다고 생각해. 이런 생각들을 하면서 내가 지금 하고 있는 인력거 일은 어떤가, 자주 생각했었어. 이 끔찍한 세상에서 과연 이 일은 나를 해치지 않나 하고 말이야. 어려움이 전혀 없었던 건 아니야. 하지만 애정을 가지고 일할 수 있었어. 무엇보다 내가 사는 공간의 살아 있는 이야기, 숨겨진 이야기를 두 발로 찾아 다니며 사람들과 나눌 수 있는 게 즐거웠어. 지금은 흔적도 없이 사라진 곳에 담겨 있는 여러 가지 이야기들 말이야. 지금 나의 삶에 영양분을 줄 수 있는 이야기들이 생각보다 내 가까이 있더라고.

Q 혹시 인력거로 갈매가 얻고 싶은 게 있었어?

인력거는 나를 잃어버리지 않고 할 수 있는 일일 것 같았어. 여러 가지 이유가 있지만 그게 가장 중요한 이유였어. 그리고 내가 사랑하는 공간에 숨겨진 여러 가지 이야기들을 공들여 찾고 설명하고, 듣는 사람의 표정과 응답을 살피는 일은 흥미로웠어. 인력거는 전에 없던 새로운 거라서 더더욱 그랬지. 아, 내가 열심히 하면 우리 동네에 재밌는 문화가 새로 하나 생길 수도 있겠다는 생각이 들더라고. 작은 부분이지만 내가 사는 마을의 문화를 만드는데 참여할 수 있어서 만족스러웠어. 내가 제공하는 서비스가 획일적이지 않다는 것도 마음에 들었어. 예를 들어, 내가 라이더로 가회동 31번지에 가면(북촌에서 제일 유명하고 관광객으로 붐비는 곳) 항상 거기에서 있었던 내 어릴 때 기억을 이야기하면서 북촌이 어떻게 바뀌었고, 그 변화가 나에게 어떤 생각과 감정을 가져다 주는지 이야기할 수 있지. 내 이야기에 공감해 주는 사람도 있었고 전혀 그렇지 않은 사람도 있었지만, 어쨌든 내가 제공하는 서비스가 맥도날드 햄버거처럼 언제 어디서나 똑같은 게 아니어서 다행스러웠어. 라이더도 다들 한 사람 한 사람이고 손님들도 전부 한 사람 한 사람이니까 우리가 나누는 이야기도 무수히 많아질 수 있었어.

228 ◀ ' ' ┛

Q 북촌에서 나고 자란 갈매의 경우는 이 일로 뭔가 색다른 경험을 했을 거 같은데.

이 일을 통해 내가 얻은 행운 중에 하나는 마을에 사는 사람들과 조금 더 친해질 수 있었다는 거야. 이건 다른 라이더들도 마찬가지일 텐데, 우리는 북촌에 오는 관광객들을 대상으로 돈만 벌고 휙 떠나버리지 않았어. 우리가 공유하는 공간을 기반으로 함께 공유할 수 있는 경험을 만들어 보고 싶었어. 그렇게 어려울 것 같진 않아. 북촌엔 다양한 콘텐츠가 있거든. 처음엔 작게 시작하는 거야. 재동 초등학교 애들도 한 달에 하루 날을 잡아서 무료로 태워주고.

그러다 보면 북촌에 있는 주민, 카페, 미술관, 마을 행정 관련 공무원 등 더 많은 주체가 함께 기획하는 재밌는 걸 만들 수 있을 것 같아. 예를 들어 마을축제라든가 마을 운동회같은 북촌에 거주하는 사람들뿐만 아니라 북촌에서 장사하는 사람과 북촌에 직장을 가지고 있는 사람 등 북촌에 애정이 있는 모든 이들이 함께 말이야. 함께 공유하는 경험을 토대로 우리는 서로를 받아들이니까. 아띠인력거가 그 일에 일조할 수 있다면 그건 어떤 방식이 될까, 생각했어. 1년 동안 일하면서 내가 이 부분에서 이렇게 할 결과물을 만들어 낸 거 같진 않아. 그래도 이전보다 마을의 더 많은 사람을 알게 됐고, 그래서 더 북촌을 좋아하게 됐어. '풍경' · '카페 무이' 사장님, '마나님 레시피'의 마나님……이 글을 쓰다 보니까 따뜻한 얼굴들이 떠오르네. 내가 지금 프랑스에 있어서 당장 가기는 어렵지만, 얼른 가서 밥 얻어먹고 싶다.

Q 갈매가 일할 당시는 아띠인력거의 시스템이 수립되어가는 과정이어서 힘든 일도 많았을 거 같아. 그때 얘기 좀 해 줘.

기억나는 게 세 가지 정도 있어. 겨울에 정말 발이 시리고 추웠어. 어찌할 줄을 모를 정도로. 그때 집에 있는 비닐장갑을 발에 한 짝씩 끼고, 그 위에 양말을 한 켤레 덧신고 그 위에 수면 양말을 신고 다시 그 위에 양말 하나를 더 신었던 게 기억나. 인력거를 끌 때는 페달과 발을 고정해 주는 자전거용 신발을 신었는데, 그 신발엔 구멍이 숭숭 뚫려 있거든. 그 구멍을 닫아주는 덮개가 있긴 한데 늘 발이 시렸던 생각이 나. 그다음으론 요금 문제. 그땐 정해진 요금이 없었어. 길거리에서 손님을 태우고 원하는 곳까지 가면 손님들이 팁을 주는 식이었지. 그래서 단점도 있었지만, 장점도 있었어. 얼마 받을 수 있을까, 궁금했거든. 어쩌다 생각보다 많이 받으면 기분이 진짜 좋았어. 또 하나는 북촌에 있는 가게에 붙일 아띠인력거 홍보 포스터를 만들었는데, 어쩌다 내 사진이 쓰이는 바람에 온 동네에 내가 나온 포스터가 붙었어. 그렇지 않아도 동네에 오래 살아서 아는 사람이 꽤 되는데 골목 곳곳에 포스터가 붙어 있어서 처음엔 많이 민망했어. 오늘도 누가 동네에서 내 사진을 봤다고 메신저로 연락이 왔더라고.

Q 기억에 남는 에피소드 하나 들려줘.

'라이더스 데이'라고 라이더들이 하루 정해 같이 밥 먹고 노는 날이 있는데, 하루는 계동길에 있는 오래된 목욕탕에 같이 갔었어. 늦은 시간에 간 거라 우리 밖에 없어서 신 나게 놀았던 기억이 나. 그때 목욕탕에서 사진을 많이 찍어놨는데, 이걸 어느 타이밍에 어떻게 배포를 해야 할지 지금 고민 중이야.

Q 지금껏 살면서 가장 즐거웠던, 뜨거웠던 순간은 언제였어?

2012년 하이서울페스티벌 때 제네릭 바삐라는 프랑스 거리 예술 극단을 알게 됐어. 그 공연에 시민 참여 배우로 함께 하기도 했는데, 이순신 동상부터 시청까지 광화문 앞 도로를 통제하고 거리 공연을 준비하고 올렸어. 그때 가장 행복하고 뜨거웠던 것 같아. 그 후 거리 예술이라는 장르에 진지한 관심을 두게 돼서, 그 극단에 메일을 보내 다음 해 한국 공연에서 한 번 더 참여하게 됐지. 그게 인연이 되어 지금은 마르세유 거리 예술 지구의 오래된 캠핑용 자동차에서 지내고 있어. 거리 예술이라는 장르에 매력을 느껴서 한국에서의 일정을 멈추고 여기로 오게 된 거야. 사실 뚜렷한 계획 없이 와서 처음엔 아주 혼란스러웠는데 지금은 어느 정도 안착한 느낌이야.

Q 갈매의 꿈은 뭐야?

넓은 꿈은 괜찮은 인간이 되는 것, 나 자신에게 부끄럽지 않은 인간이 되는 게 꿈이야. 다른 사람에게 좋은 영향을 줄 뭔가를 창조하는 게 꿈이야. 프랑스에 와서 제네릭 바삐 극단의 인턴으로 여러 가지 프로젝트가 진행되는 과정들을 배우면서 공연에 배우로 참여하고 있어. 프랑스에서 가고 싶은 학교를 발견했는데, 그 학교에 다니고 있는 학생들의 프로젝트에 배우로 보조로 참여하면서 이것저것 어깨너머로 보고 있지. 내년 그 학교 지원에 필요한 프로젝트를 쓰고 있기도 하고. 그 밖에도 프랑스를 돌아다니며 거리극을 보고, 각 극단의 흥미로운 공연 안내 책자를 구해 읽으며 혼자 공부하는 중이야. 나는 '거리'가 현재 자본주의 사회에서 사유화되지 않은 마지막 공간이라고 생각해. 사람을 비롯한 모든 것이 돈으로 환원되는 지금, 화폐로 측정될 수 없는 공간(거리)에서 교환 불가능한 것들, 숫자로 셀 수 없는 것들에 관해 이야기하고 싶어. 거리라는 형식 속에서 내가 할 수 있는 이야기들을 찾고 싶어.

> > > > > > > > > > > >

행복을 달리다
RIDING HAPPINESS

서울 시내 북촌과 서촌 인사동, 광화문 일대를 돌아다닙니다.
라이더는 중간중간 그 동네와 우리 고유의 문화를 소개하고
사라져가는 골목길의 정취를 함께 느끼며
그곳의 숨은 이야기를 들려줍니다.
라이더는 충분한 교육과 훈련을 받았고, 체력도 좋습니다.
그러니 미안해 하지 마시고 그저 맘껏 즐기시기를.

* 이외에도 〈30분 코스〉, 〈외국인을 위한 코스〉, 〈내 맘대로 코스〉가 있습니다.

예약 및 문의전화 1666-1693 (인력거삼)
블로그 blog.naver.com/rideartee
페이스북 www.facebook.com/arteein
홈페이지 rideartee.com

도심 속 타임머신 여행
히스토리(동북촌) 코스

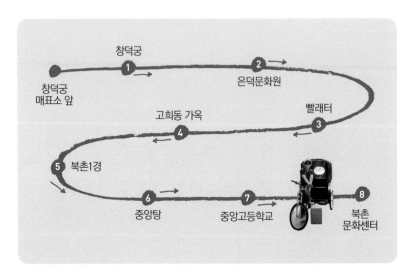

1 창덕궁 돈화문 앞. 땅바닥을 보면 지반의 높이가 낮은데 이 높이가 조선 시대의 땅 높이라고 합니다.

2 창덕궁을 따라서 길게 쭉 뻗은 큰길을 달리다 보면, 오른쪽으로는 창덕궁의 담벼락이 위로는 하늘이, 저 멀리는 북악산이 한눈에 보이죠. 복작거리는 인파와 상점이 밀집한 삼청동이나 안국동과 달리 여유를 느낄 수 있습니다.

3 서울 한복판에 아직도 빨래터가? 창덕궁 후원에서 내려오는 물인데, 라이더 한 명은 여기서 가재를 두 번이나 잡았다죠.

4 우리나라 최초의 서양화가였던 고희동 선생의 저택. 일본식, 서양식을 한옥에 버무려 지어져 근대 초기 한국 주택의 특징을 잘 보여줍니다.

5 빨래터에서 흐르는 물길이 복개된 골목길입니다. 물 위를 거닐 듯 창덕궁 후원을 끼고 인력거에 몸을 맡기면 여기가 천국!

6 수십 년 전 모습 그대로 남아 있는 북촌 유일의 목욕탕, '중앙탕'입니다.

7 〈해리 포터〉에 나온 곳? 아니고요, 중앙고등학교입니다. 정문 뒤에 이곳을 지켜주는 수호신이 숨어 있는데, 아띠인력거도 그 보살핌으로 여태껏 사고없이 지내온 것 같습니다. 꾸벅^^

8 북촌문화센터에서 쉬어 갑니다. 실내를 샅샅이 볼 수 있는 몇 안 되는 한옥이죠. 더운 여름에 인력거 타다 정자에 걸터앉아 바람 쐬는 맛을 어찌 알까요. 하하하.

북촌의 아름다운 길을 볼 수 있는
로맨스(서북촌) 코스

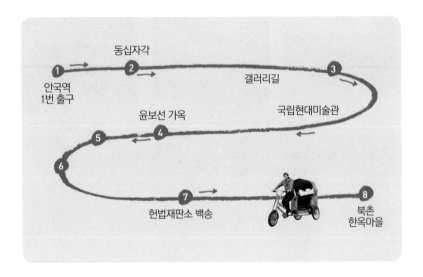

1 북촌 방문이 처음이거나 한옥 마을을 둘러보고 싶다면 이 코스를! 안국동 사거리를 지나 동십자각을 향합니다.

2 근처를 매일 지나는 사람들조차 무심히 지나치는 동십자각. 보잘 것 없어 보이지만 많은 사연과 의미를 담고 있답니다.

3 국립 현대미술관 뒤편 감고당 길 가는 골목길. 지나가는 재미가 있죠.

4 99칸 집으로 불렸던 윤보선 가옥. 문이 열려 있던 어느 날 박물관인 줄 알고 가택침입을 한 적 있었다는 한 초짜 라이더의 웃픈 이야기.

5 바로 맞은편에는 조금 음침한 건물이 떡하니……. 군사정권 때 야당 인사들의 모임터였던 윤보선 가옥을 감시했던 건물이라는 이야기가 전해지고.

6 윤보선 가옥 담벼락 끝에 있는 '티 테라피'에서 족욕을 즐기는 아이들.

7 헌법재판소에 고고하게 서 있는 백송. 100여 년 전 많은 사람이 백송을 바라보며 변화를 꿈꾸었고 이루었다고 하죠.

8 북촌 경치의 최고봉을 다투는 한옥마을 '북촌 6경'. 기와지붕들이 어깨를 나란히 하고 있는 가회동 골목입니다.

공연과 함께 즐기는
정동 코스

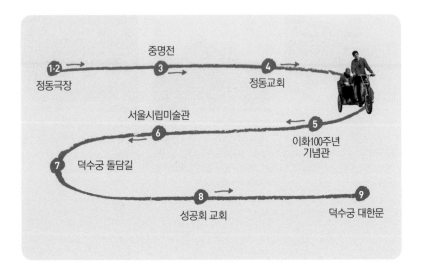

정동극장 ①·② → 중명전 ③ → ④ 정동교회

⑤ 이화100주년 기념관

서울시립미술관 ⑥

⑦ 덕수궁 돌담길

성공회 교회 ⑧ → ⑨ 덕수궁 대한문

1 전통예술·음악·연극·무용 등 모든 장르의 공연이 이루어지는 곳, '정동극장'입니다.

2 정동극장의 공연과 인력거 투어 패키지 구매도 가능하고요.

3 을사늑약이 체결된 비운의 장소 '중명전'. 한때 도서관으로 쓰이기도 했답니다.

4 '정동교회'는 크리스마스 때 특히 아름답습니다. 여기 오면 실내에 있는 오르간을 꼭 보시길.

5 '이화여고100주년 기념관'. 독립운동 당시 유관순 누나가 이화여고 학생이었다고…….

6 좋은 전시를 볼 수 있는 '서울시립미술관'. 데이트하기 좋은 곳이죠.

7 그 유명한 덕수궁 돌담길. 서울 시내에서 인력거와 가장 잘 어울리는 길입니다. 어디선가 이문세의 〈광화문 연가〉가 들리는 듯하고.

8 한국에서 흔히 볼 수 없는 건축양식을 간직한 '성공회 교회'. 언덕 뒤에 숨어있어 잘 보이지 않지만 아띠인력거가 구경시켜 드립니다. 정말 아름다운 곳입니다.

9 조선 후기부터 지금까지 다양한 역사와 이야기를 간직한 '덕수궁 대한문'으로 갑니다.

도심 속 다른 풍경
익선동 한옥마을(남북촌) 코스

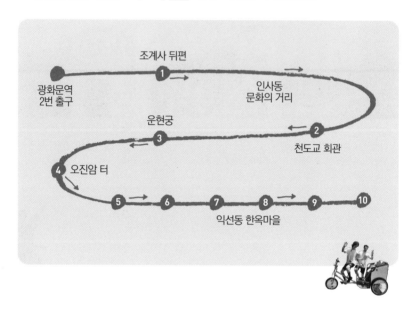

조계사 뒤편
①
광화문역
2번 출구
인사동
문화의 거리
운현궁
③
②
천도교 회관
④ 오진암 터
⑤ ⑥ ⑦ ⑧ ⑨ ⑩
익선동 한옥마을

1 조계사 뒤편, 우리나라 최초의 테니스 코트가 있었다죠? 조계사 곳곳은 이야기를 품고 있습니다.

2 100년 전 천도교의 위용을 보여주는 '천도교 중앙대교당' 입니다.

3 고종의 생가 '운현궁'에서 그 시절의 숨결을 느끼고.

4 1970~1980년대 요정 정치의 산실이었던 '오진암'이 있었던 곳. 오진암이 헐리면서 그 자리에 비즈니스 호텔이 들어섰고, 오진암의 자재는 부암동으로 옮겨져 '무계원'이라는 전통문화 공간으로 다시 태어났습니다.

5~10 익선동 한옥마을의 외양은 정돈되거나 깨끗한 느낌은 아니죠. 현대적이고 깔끔한 것에 익숙한 우리 눈에는 지저분해 보일 수도 있지만, 서울 시내에서 유일하게 단층 스카이라인을 볼 수 있는 곳입니다. 가슴이 탁 트이죠! 봉선화, 채송화, 여러 종류의 야생화들. 골목골목 동네 분들이 정성스레 돌보는 화분들과 주고받는 정담이 발길을 머물게 합니다.

아기자기한 동네
서촌 골목길 코스

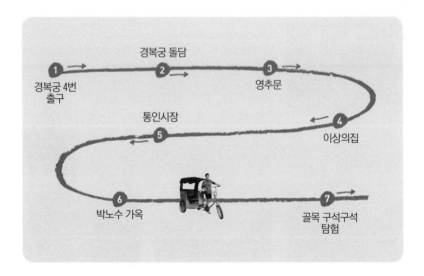

2 경복궁 돌담
1 경복궁 4번 출구
3 영추문
4 이상의집
5 통인시장
6 박노수 가옥
7 골목 구석구석 탐험

1 호젓한 경복궁 돌담길. 삼청동 쪽 돌담길과는 또 다른 매력이 있죠.

2 경복궁 '영추문'입니다. 동쪽의 '건춘문'은 봄을 세우는 문, 서쪽의 '영추문'은 가을을 환영하는 문. 문이 열려있을 땐 천장에 흰 호랑이 그림을 볼 수 있으니 놓치지 마시길.

3 일제강점기 시절 일본인들이 많이 살았다던 서촌에는 이런 일본식 가옥을 심심찮게 볼 수 있죠.

4 서촌 하면 떠오를 정도로 유명해 진 곳. '대오서점'과 '이상의 집'. 이 곳에선 작은 공연이 열리기도 하니 한번 즐겨보시기를.

5 통인시장에서 정금이 김밥과 기름 떡볶이로 배를 채우고.

6 정원, 건물 외관, 실내, 전망대 까지 어디 하나 빼놓을 것 없이 볼만한 구립 미술관. '박노수 가 옥'

7 영화 〈건축학개론〉에 나왔던 곳이죠. 첫사랑의 추억이 담긴 사색의 공간. 서촌의 한옥은 대부분 1910년대 이후 지어진 개량 한옥입니다. 골목의 정취가 북촌과는 사뭇 다르죠? 누상동, 누하동, 옥인동, 체부 동……. 이 골목들은 1970~1980년대의 애틋한 풍경을 안고 있습니다.

애띠인력거 창업기
즐거워야
내 일이다

초판 1쇄 발행 2014년 10월 27일

지은이 ㅣ 이인재
펴낸이 ㅣ 이미경
펴낸곳 ㅣ 도서출판 슬로비
디자인 ㅣ Design Group All
관 리 ㅣ 김홍희

등록 ㅣ 2013년 5월 22일(제2013-000148호)
주소 ㅣ 서울시 강남구 도곡로 43길 21, 103-803(우: 135-927)
전화 ㅣ 대표 02-762-0598 편집 070-4413-3037 팩스 02-765-9132
전자우편 ㅣ slobbiebook@naver.com
www.slobbiebook.com

ISBN 979-11-951039-2-8 03320

이 책의 국립중앙도서관 출판시도서목록(CIP)는 e-CIP 홈페이지(http://nl.go.kr/ecip)와
국가자료공동목록시스템(http://www.nl.go.kr/kolisnet)에서 이용하실 수 있습니다.
(CIP제어번호: CIP 2014029108)

• 사진 재사용에 협조해 준 〈대학내일〉에 감사드립니다.
• 이 책 내용의 일부 또는 전부를 이용하려면 도서출판 슬로비의 서면 동의를 받아야 합니다.